Pour Arthur,
Pénélope
et Léon,
mes professeurs admirés.

Florence Servan-Schreiber

Avant je n'étais que moi

Conseils d'amie
avant d'avoir son premier enfant

MARABOUT

Avant-propos

Ce livre a été publié pour la première fois il y a dix ans. Mes enfants étaient alors mi-grands. Ma jeune sœur Camille et mon amie Géraldine étaient enceintes de leur premier enfant. Je l'ai écrit en pensant à elles, à tout ce que je ne savais pas avant de mettre les pieds dans l'aventure incroyable de la maternité. Je voulais leur souffler à l'oreille quelques, non pas conseils, mais récits, pour qu'elles soient moins surprises par tout ce qui allait se présenter sur leur route.

Depuis, chez moi, tout le monde a bien grandi. Mes enfants, bien sûr, et moi avec. Connaissez-vous l'adage : petits-enfants, petits problèmes, grands enfants, grands problèmes ? Et bien je célèbre ici le fait que bien que ce dicton dise vrai, la vie a prévu le coup. Une tribu ne vieillit qu'un jour à la fois, nous avons le temps de nous y faire.

Depuis, j'ai aussi rencontré la psychologie positive et sa manie de reformuler les questions que l'on se pose. Pour être plus exacte, les questions que je me pose. Focalisée sur l'expérience, cette forme de psychologie s'intéresse à notre façon de traverser les épreuves et les réalités de la vie en gardant toujours notre bonheur en ligne de mire. Jusque là, lorsque la psychologie traditionnelle se penchait sur le métier de parent, c'étaient les Françoise Dolto, Claude Halmos et autres Sigmund Freud de ce monde qui avaient la main haute. La mère est à la fois responsable et coupable de tout et quoi que nous fassions, de toutes les façons, ça nous sera reproché. Oui, oui, à vous aussi.

Mais plutôt que de nous pointer du doigt, la psychologie positive s'intéresse aux effets des bouleversements positifs et négatifs de nos parcours. Et devenir maman est sans aucun doute la fête foraine du bouleversement. Tout ce que nous sommes, avons été ou pensions devenir va s'offrir les attractions les plus spectaculaires. Beaucoup se feront la tête en bas, pas mal dans le noir, on va rire, on va pleurer, avoir envie de vomir, on va flipper et s'éclater. Seulement voilà, de cette attraction-là, on ne redescendra jamais. Car il s'agit bien d'une inégalable attraction entre vous et des êtres humains. Qui n'existent même pas encore alors que vous pensez déjà à eux.

Devenir la maman d'Arthur, puis de Pénélope et, pour finir, de Léon est donc mon petit parc d'attractions à moi. Et je vous assure que ces trois personnages, vingt-cinq ans plus tard, remplissent encore à ce jour la promesse d'émotions fortes pour laquelle j'ai signé en prenant mes billets, immédiatement transformés en *pass* à vie.

Si ce livre est entre vos mains, vous êtes probablement déjà en route. En vous demandant à quoi vous allez ressembler, votre bébé et vous même, dans cette danse qui vous attend. La psychologie positive a bien identifié la différence entre la parentalité fantasmée et la réalité. Et la beauté du voyage se trouve dans cet écart que nous allons apprivoiser tout au long de la route.

Depuis, les études sur la parentalité nous apprennent que l'on est moins heureux après avoir eu un enfant que lorsqu'on n'en avait pas. Ah bon ? Si je voulais ne pas vous faire peur, je vous dirais que c'est tout faux et que ce livre va le démontrer. Mais je ne m'engage pas à défier la science. Je préfère vous inciter à vous observer vous-même au cours de cette aventure, comme le font les chercheurs, pour essayer de comprendre votre propre manière d'être. Et noter ce qui marche. Devenir maman est en fait comme le reste. Ça s'apprend. Les clichés nous laissent croire que tout est automatique et prévu d'avance. Tintin, rien du tout.

Depuis, on a aussi appris que lorsqu'on demande aux femmes d'estimer leur bien-être au cours de leur journée, figurez-vous que la majorité des mamans se sentent mieux en répondant à leurs e-mails qu'en s'occupant de leurs enfants. Vrai. Pourquoi ? Car lorsque nous répondons à nos mails, nous ne faisons que cela. L'environnement professionnel est souvent moins chaotique qu'un soir à la maison. Et la sensation de contrôle nous fait du bien. Une soirée avec de jeunes enfants, puis des adolescents, nous procure plutôt son contraire. Et ça va durer un petit moment. Mais ce que souligne cette étude est qu'être parent est une tâche absolue qui requiert un sacré équilibre. Et que l'on n'a plus peur de le dire. Jongler demande de l'adresse, de la souplesse, beaucoup d'entraînement et de concentration. Et pour faire voler ces balles-là, il n'existe pas de formation. C'est un perfectionnement constant, sur le tas.

Depuis, j'ai confirmé ma certitude que pour chacun d'entre nous, l'expérience d'être parent reste parfaitement unique, car nous sommes composés de tempéraments et d'histoires sans pareil. Et même en cherchant à nous inspirer de nos propres mères et pères, que ce soit pour être comme eux ou leur exact contraire, c'est une maman ou un papa très spécial que nous allons forger. Une version de nous que nous ne connaissions pas encore va se dilater pour occuper pas mal des recoins de la personne que nous étions avant. Soyez sans crainte, nous resterons les mêmes, mais en pas tout à fait pareil.

Depuis, je sais que pour être parent, en effet, mieux vaut nous habituer à nous voir tout reprocher. Que ça fait partie du job. Mais j'admets aussi qu'en devenant un adulte à la tête d'une lignée, mes enfants m'ont offert mille occasions de me dépasser, me réjouir, me déployer, me montrer courageuse, déterminée, résiliente, aimante, joueuse, grognon, curieuse, et paniquée, aussi. Et que tous ces aspects de moi-même font partie de la liste des super pouvoirs que je recommande de convoquer pour se rapprocher aussi souvent possible du bonheur d'être en vie.

Avant, je n'étais que moi

Et surtout, depuis que j'ai écrit ce livre, je continue à mesurer à quel point, avant de devenir la maman d'Arthur, en fait je n'étais que moi. Et je serai passée à côté de tant de choses si je n'avais pas laissé ce tout petit garçon me contaminer intégralement par l'amour si puissant que je lui porte. Il m'a montré la voie du morceau de ma vie que je préfère. Être mère.

Préface

« Madame, je vous déclenche demain. » Déclencher, pour moi, jusqu'à ce jour, c'était placer des explosifs au sommet d'une montagne pour provoquer une avalanche. Un torrent de neige et de glace emporte alors tout sur son passage, laissant la piste profondément modifiée, mais stabilisée. Prête pour des skieurs qui s'engouffreront, insouciants, dans le sillon de son couloir. Comme si la piste avait toujours été là.

Un 27 août, la naissance de mon premier bébé, planifiée par l'accoucheur, a bel et bien déclenché une coulée irréversible qui a totalement redessiné mon paysage intérieur. Le terme technique du médecin était finalement bien choisi. L'analogie aussi, avec son lot de peurs, de vents forts, de destruction des certitudes et de défrichage. Depuis, deux autres sportifs tout aussi innocents et joyeux ont emprunté le même passage et m'ont transformée en maman de trois enfants.

Pourtant.

J'ai grandi les oreilles pleines de conseils avisés. Il fallait, dans le désordre, trouver un travail, faire ce que l'on aime dans la vie, respecter les autres, mesurer sa chance, ne pas penser qu'à soi. Et tant d'autres encore. Mais je ne me souviens pas d'avoir entendu grand-chose concernant le fait d'élever des enfants.

« J'en aurai quatre » : parce que nous étions quatre frères et sœurs, cette phrase que je me répétais théoriquement avant l'âge de seize ans montre bien à quel point je n'avais pas réfléchi à l'affaire ! Reproduire le modèle, c'est souvent le plus simple et plutôt rassurant.

En approchant de l'âge adulte, j'ai progressivement commencé à douter. D'être capable d'en élever ne serait-ce qu'un seul et d'en avoir vraiment envie. Il faut jouer avec, aiguiser ses compétences domestiques, être disponible à toute heure et probablement renoncer à pas mal de liberté. Les enfants des autres ne m'inspiraient, tout au plus, qu'un éventuel plaisir visuel : une bonne bouille, des boucles lumineuses, une robe à croquer ou le charme irrésistible d'une micropaire de chaussures résumaient mon attirance vers l'enfance. Autant dire que je n'étais pas préparée du tout au réel…

Et puis j'ai croisé mon futur. Sous les traits de mon mari. Quelque chose d'étrange se dégageait de cet homme. Il aimait les chiens et les enfants. Il parlait leur langue. Se mettant au niveau des uns ou des autres. Il était joueur, moqueur, drôle et ne semblait effrayé par aucun mini-humain.

De nous deux, c'est lui qui était le plus au clair avec son désir d'enfant. Si je ne savais pas faire, lui saurait sûrement; si je ne voulais pas jouer avec eux, il le ferait également, et si je ne savais pas les aimer assez, là aussi il se chargerait de compenser de toute sa générosité. Sous ces prétextes fallacieux et rassurants, lorsqu'il a été question de se lancer dans l'aventure parentale, je me suis donné l'autorisation d'essayer. Pas pour moi, non, pour lui. Il proclamait vouloir deux fois six enfants. Ça ferait douze. Bon.

Ah ! là ! là ! Quelle naïveté. Quatre ou douze, les enfants se font un par un. L'un après l'autre, sans jamais se confondre. Mais il faut reconnaître que celui qui fait de vous une mère reste le premier.

Avant, je n'étais que moi

Tel le pisteur qui escalade la montagne seul au petit matin, ses explosifs sur le dos. Les suivants n'auront plus qu'à chausser les skis pour dévaler votre cœur offert.

Suffit-il pour réussir de savoir skier ? Oh que non ! L'entraînement ne suffit pas. Pire, il n'existe même pas. Car s'il y a un domaine où aucune théorie ne remplace l'expérience, c'est bien celui-ci. S'il y a un domaine où aucune expérience ne ressemble à celle d'autrui, c'est bien celui-là. Pourtant, malgré cela, lorsqu'on attaque le voyage de sa première maternité, combien de fois se dit-on : « Si seulement on m'avait dit, prévenue, alertée ou simplement sensibilisée *avant* » ?

Pourquoi n'apprend-on pas à être maman à l'école ? Ne serait-ce pas plus simple, plus utile que tant d'autres matières abstraites ? Ne serait-ce pas plus juste pour nos futurs enfants ? Pourquoi parle-t-on de l'instinct maternel sans évoquer l'ampleur des angoisses qu'il provoque ? Pourquoi parle-t-on de l'enfant comme de la consécration d'un couple sans avertir des effets secondaires et des risques de destruction que sa venue peut provoquer ? Aïe.

Vous savez pourquoi ?

Pour ne pas gâcher la fête.

Nous sommes des mammifères. Une de nos fonctions d'êtres vivants est bien d'assurer le renouvellement de l'espèce.

Mais tant d'autres femmes, en d'autres coins de la planète, depuis des siècles l'ont fait avant nous sans avoir d'éducation, parfois sans toit, sans soutien, sans péridurale et sans psy, qu'il demeure quelque chose d'indigne à se plaindre ou s'inquiéter. Si nous sommes là, dans le fond, c'est un peu pour ça. L'omerta sur les difficultés à devenir parents qui se perpétue de génération en génération a pour fonction d'éviter de se faire peur pour rien. Il sera toujours temps d'affronter le réel et de démasquer le mirage le jour venu.

La grossesse du premier enfant est une traversée anxiogène et, qui plus est, s'effectue dans un épais brouillard. Imaginez un palier à mille portes. Mille portes battantes. Chaque porte est une sensation absolument neuve. Mais lorsque l'on pousse la porte de l'une de ces sensations, il faut se préparer à la voir revenir en sens inverse. Comme dans un saloon de western. Devenir mère, c'est ainsi éprouver chaque émotion, puis son contraire, à intensité égale. Par exemple : l'amour fou entraîne des angoisses incalculables où la fierté d'avoir engendré un bébé ne peut se distinguer de la montagne de responsabilités qui accompagne son premier cri. Mais finalement, c'est d'avoir ouvert la porte qui compte. C'est d'avoir accepté le risque de décupler les capacités de son cœur, comme celui d'être confrontée à des déceptions ou des angoisses ancestrales. Et d'être prête à accueillir une nouvelle facette de sa personnalité que rien d'autre n'aura su dévoiler. Être mère, pour celles qui ont cette chance immense, c'est devenir une autre femme.

Auprès de ses propres enfants, on ne parle que des bons côtés de l'aventure et ils grandissent, à leur tour, dans l'illusion que donner la vie est chose naturelle et facile. Et c'est tant mieux. Parce qu'il n'y a RIEN d'aussi fort que ce voyage-là. Rien du tout.

Bien que nous fassions aujourd'hui les enfants avec davantage de maturité que nos aînées – en ayant réfléchi, soupesé, pris le temps de profiter de la vie, de l'amour, de la liberté –, nous ne sommes pas épargnées par des milliers de doutes. Dont le plus tenace se résume en quatre mots : en serai-je capable ?

J'ai eu envie de partager mon expérience avec des femmes enceintes de leur premier enfant, en souvenir de toutes les fois où je me suis dit : si j'avais su. Il est souvent réconfortant de savoir ce que d'autres ont vécu et surtout à quoi elles ont survécu… Une mère, une amie, une relation, une rencontre de passage ou une belle-mère avisée qui nous confient leurs premières astuces. Mais quelque chose dans leurs remarques ne nous est pas destiné. Elles ne nous parlent pas de nous, mais de ce qu'elles auraient fait ou aimeraient faire à notre place. Je livrerai donc, à mon tour, moins de conseils que de témoignages, et moins de recettes que de clins d'œil complices.

1

De la joie à la peur d'être mère : neuf mois sous haute tension

Il y a plusieurs façons de faire des enfants. Volontairement ou par inadvertance, du premier coup ou après une longue attente, jeune ou déjà mûre, dans un bois ou dans un lit. Et bien d'autres encore. Il y a souvent derrière ce choix l'envie de construire une famille. Projet profond et authentique, mais abstrait. Car un enfant ne se choisit pas sur catalogue. C'est une création que l'on amorce, mais que l'on ne maîtrise pas et qui demande dès lors d'accepter son destin.

L'annonce

En revanche, ce qui est commun à toutes, c'est que, sauf accident, la forme de vie qui vous habite n'en est qu'à ses débuts. Elle va progressivement prendre ses aises, pour commencer dans votre tête, assez vite dans votre corps, puis investir tout l'espace de votre cœur. Elle va se répandre, prenant totalement possession de vous, à sa façon et à votre façon.

Que l'enfant soit attendu, espéré ou pas, c'est le plus souvent un retard de règles qui sonne l'alerte. La légendaire pipette bleue vendue en pharmacie doit battre tous les records par sa capacité à bouleverser une vie. Compte tenu de sa petite taille, c'est assez impressionnant. Que vous ouvriez fébrilement la boîte en relisant les instructions cinquante fois, seule ou à deux, ce sera l'une des minutes les plus définitives qu'il vous sera donné de vivre. Cinq secondes de trempage et soixante d'attente. Pendant lesquelles un trait d'à peine cinq millimètres de long peut ou non apparaître. S'il apparaît, c'est positif, et si c'est une information qui vous fait plaisir, attention aux émotions. Les amours se déclarent dans des lieux romantiques ou des situations torrides, les enfants s'annoncent dans des salles de bains.

En une seconde, dans une pièce carrelée, quelque chose échappe à votre contrôle. Un réel vertige.

Parfois, le corps offre des surprises. J'ai ainsi découvert ma première grossesse presque trois mois après son début ! Comment est-ce possible dans un cerveau éduqué ? Un banal retard de règles contrôlé par un test en pharmacie négatif, puis suivi d'un saignement mal interprété m'avait fait croire à une fausse alerte. À la plage, mon amie de toujours trouvait mon corps changé, mes seins rebondis. J'ai fini par prendre ses remarques au sérieux et pris rendez-vous chez le médecin. Prise de sang, verdict irréfutable. Grossesse de onze semaines.

Certaines femmes sentent leurs seins gonfler et leur ventre se remplir au lendemain d'une nuit d'amour. Elles pressentent. Elles savent. Pas moi. Je n'ai rien remarqué d'anormal, rien senti de fulgurant. Je n'ai pas non plus détecté les modifications de mon corps, si légères soient-elles. La raison est simple : je ne me pensais pas tout à fait capable de « fabriquer » un humain. Sans compter qu'autour de nous tant d'amis connaissaient des difficultés à procréer. Je ne supposais donc pas que cela nous arriverait, en tout cas pas si vite, pas tout de suite.

Avant, je n'étais que moi

Presque trois mois. J'ai l'incroyable sensation d'avoir été privée de ces moments-là. J'avais voyagé sur des routes cabossées, arrosé des soirées d'alcools trop forts, bu des eaux exotiques, bref, j'avais négligé les précautions de base.

Ma première réaction a été la stupéfaction. Suivie de près par la déroute, l'incrédulité puis la fierté balbutiante. Je me souviens aussi de m'être révoltée. Et si je n'avais pas souhaité garder cet enfant ? À cette époque, à onze semaines, on ne pouvait plus intervenir. Je n'aurais rien pu faire. Ma colère théorique était plus qu'ambivalente. La question ne se posait pas : cet enfant, son père et moi le voulions, l'attendions, l'espérions. En réalité, ce qui me mettait hors de moi, je l'ai compris avec le recul, c'était de ne pas avoir su lire mon corps : cela me confrontait précisément au fait que d'une certaine manière, il appartenait déjà à quelqu'un d'autre. Que je perdais le contrôle d'une partie de moi-même. Et surtout que j'allais être maman dans six mois. C'est court six mois. J'étais, en réalité, tout à fait effrayée.

Ce début de grossesse n'était que le premier acte des montagnes russes qui m'attendaient et je m'apercevais qu'il n'existait aucun garde-corps.

À la lecture des analyses confirmant ma grossesse, j'étais trop bouleversée pour organiser une mise en scène de l'annonce au futur papa. Me ruant sur le téléphone, j'ai partagé l'information, l'émotion et le choc en direct. Tout était bon dans cet instant-là. Sa réaction, son excitation et son appropriation de la nouvelle. IL avait « fait » un enfant. Les pères sont très rapides à s'octroyer tout le mérite. C'est touchant de les entendre se relier à leur enfant encore virtuel. Le réflexe mammifère est donc bien partagé. Il allait être père.

Dès la seconde où j'ai su que je portais un enfant de mon mari, je me suis sentie soudée à son sort pour toujours. Il était responsable, partisan, complice et coupable. Coupable ? Mais oui, il faut bien que quelqu'un le soit quand on est envahi par la peur. Et qui mieux que l'autre. Monsieur et SON enfant, comme il a été si rapide à le proclamer. Si nous en étions là, je le devais à son appétit pour les petits. À ce projet que nous avions conçu ensemble. À la confiance qu'il y mettait et à l'assurance qui se dégageait de lui quand il s'imaginait papa. Au fait que MON enfant voudrait LUI ressembler. Qu'il était l'autre pilier qui guiderait la vie de cet être-là et que j'étais ravie qu'il le soit. J'ai aussi compris, un peu plus tard, que si l'amour entre nous devait un jour s'estomper, cela n'atteindrait en rien celui qu'ils partageraient. Leur amour, à eux deux, était destiné à être indestructible.

Quelques enfants plus tard, j'ai appris à soigner l'annonce de mes grossesses. À procéder aux analyses à la moindre suspicion. À garder la tête vaguement tiède, le temps de disposer un poupon miniature dans un sac de bonbons, pour annoncer au père l'accroissement de la famille. À garder ce secret pour nous deux un peu plus longtemps, et à éviter les questions médicales bienveillantes, mais « soûlantes ». À prendre aussi le temps de partager tout cela avec nos proches. À enfiler des gants pour révéler aux aînés le bonheur annoncé. Mais la première fois, quelle pagaille émotionnelle !

Comme au début de toute aventure, commence la spéculation impatiente : à partir de quand mon corps va-t-il changer ? Comment ? Où cela va-t-il se voir en premier ? Vais-je prendre un ou vingt-deux kilos ? Vais-je ressembler à un mammouth ou vais-je avoir une peau de soie, irradiée de l'intérieur ? Vais-je être malade ? Pas malade ? Mon obstétricien, un médecin chevronné, prétendait à qui voulait l'entendre que les mères de grossesses non désirées n'étaient jamais malades dans les trois premiers mois. Selon son raisonnement, les nausées n'étaient « autorisées » qu'aux mères comblées.

C'est moi qui l'ai fait ?

À la première échographie, dans un cabinet médical de la rue de Longchamp, lorsque, pour la première fois, j'ai entendu les battements de cœur de mon bébé, j'ai découvert une réalité nouvelle. Celle de ne plus pouvoir, JAMAIS, revenir en arrière. Je n'avais rien connu de pareil. À cet instant-là, je rencontrais l'*irréversible*. Certes, je ne m'étais pas mariée à la légère, mais cette fois c'était totalement irrévocable. Jusque-là, en fermant bien les yeux, je pouvais espérer, prier, organiser ou imaginer l'esquive pour à peu près n'importe quelle situation. J'avais encore un certain contrôle. On peut en effet (presque) toujours se faire pardonner, oublier, partir ou renoncer. Mais plus là. Une grossesse, c'est définitif. Même si elle s'interrompt à mi-parcours pour des raisons de santé ou autres, une annonce a eu lieu provoquant une attente, une émotion unique et une trace indélébile. Quelque chose de tellement particulier a existé qui ne disparaîtra jamais complètement. Même de la mémoire. Si tout se passe bien, si la grossesse est menée à terme, c'est une vie qui commence, un être que vous accompagnerez, qui vous accompagnera, pour le pire, pour le meilleur et pour toujours. Et qui, selon toute vraisemblance, vous survivra.

Le monde extérieur participe aussi à l'aventure. Les regards portés sur la future maman par mon entourage se mettent à changer. Et comme on ne me regarde plus tout à fait de la même façon, je commence à me percevoir différemment. Quelque chose de moi se reflète dans le regard des autres. Mon mari est fier, mes parents sont nostalgiques et attendris, des femmes anonymes croisées dans la rue me sourient. C'est une période bénie, sympathique et étrange : on se sent deux sous son tee-shirt. On est vue de tous comme celle qui va donner la vie. L'humanité est tendre. Un gros ventre ravive le souvenir des femmes qui vous ont précédée. Intrigue les autres. C'est sacré, on vous le dit. Vous le sentez, vous le vivez. C'est fort.

Au-delà de ces apparences, la vraie transformation est finalement à chercher ailleurs : désormais je ne suis plus une enfant. Il n'y a plus moyen d'éviter la confrontation au réel : cette fois-ci c'est pour de vrai, je suis adulte ! Je crée une nouvelle branche de notre généalogie, je ne suis plus parmi les plus jeunes de la famille, ceux que les aînés protègent et font évacuer en priorité en cas de péril. Je change de rôle, je passe en tête de ma lignée. Fini de regarder le monde avec candeur. Je vais devoir trier, préserver mon enfant des dangers, anticiper, nourrir, porter, soigner, veiller, nettoyer, éduquer, préparer, consoler, former, choyer, gronder, rassurer et le tout sans oublier d'aller me coucher pour, dès le lendemain, pouvoir recommencer.

Pour l'instant je m'en sors pas mal. Je porte ce bébé, je lui apporte de l'énergie, l'emmène travailler, voyager, au cinéma. Il dort quand je dors, aime encore la musique que j'écoute et habite même dans notre lit sans que cela dérange personne. Être mère, à ce stade, ne relève pas de la gageure : cela consiste à me lever le matin, comme tous les jours, à m'acheter des pantalons un peu plus grands, à assouvir mes fringales de nems, ou de vinaigrette sucrée et, éventuellement, à faire déplacer des gens dans l'autobus sans encore leur rouler sur les pieds avec une poussette. On dit les femmes enceintes capricieuses. Mais pas du tout.

Elles sont simplement à l'écoute de leurs besoins et ont le courage de les exprimer au nom de celui ou de celle qui les habite.

Une brise d'obsession

Une femme enceinte réinterprète tout ce qui l'entoure à travers sa nouvelle « obsession ». Pour ma part, je m'intéressais aux accessoires qui pouvaient rendre l'attente moins floue. Car six mois encore, c'est finalement interminable… Raison de plus pour occuper ce temps qui s'étire… L'action est un excellent remède.

Sans caméra embarquée, comment savoir ce qui se passe vraiment à l'intérieur de soi ? J'ai vu le documentaire formidable réalisé par Niels Tarvernier sur l'origine de la vie[1], qui retrace le développement du bébé in utero en images 3D. Ne croyez pas tout ce que vous voyez : nous montrer des futures mamans, nageant avec des dauphins, clamant que le sexe n'a « jamais été aussi bon » avec leurs maris et qu'elles se sentent complètes et sereines, me fait légèrement sourire. La réalité tourne plutôt autour des petits maux.

1. http://odyssee-de-la-vie.france2.fr/video/

Le ventre tire, les pieds gonflent, la peau déguste et vos fesses grossissent au point de vous suivre à distance… Ça, c'est pour le corps. Mais, dans la tête aussi, les questions s'accumulent. Attention à l'embouteillage ! Quel visage aura mon enfant ? Il va ressembler à son père ou à moi ? À ma belle-mère ou à mon cousin chauve ? Aura-t-il les oreilles décollées ? Vais-je savoir le faire passer en priorité ? Vais-je savoir l'aimer autant qu'il le mérite ? Est-ce que moi-même je mérite qu'il m'aime ? Serai-je une bonne mère ou, comme le rappelait la lucide Françoise Dolto, peu importe ce que vous faites, tout vous sera reproché ? Les accès de panique se suivent sans jamais apporter de réponses. Plus le ventre s'arrondit, plus on s'y habitue.

Les trois échographies obligatoires, étapes de contrôle pour en apprendre à chaque fois un peu plus sur ce presque étranger qui vous habite, sont une bénédiction pour les anxieuses et les curieuses. C'est ainsi que, rongés par les incertitudes, mon mari et moi demandons le sexe de l'enfant à la première occasion. Pour lever un coin du voile. Pour resserrer le champ de l'imagination et éliminer la moitié des prénoms possibles. C'est un garçon, nous l'avons vu. Tout ce qui est connu a, pour moi, une vertu rassurante.

Pour prendre un peu d'avance, j'anticipe quelques principes éducatifs. J'établirai une relation forte avec lui afin de m'y prendre mieux que ma propre mère. Je répondrai inlassablement à tous ses « pourquoi » pour mettre toutes les chances de développement intellectuel de son côté. Je l'emmènerai aux bébés nageurs à trois semaines au plus tard, au yoga dès un an ; je le masserai à tout bout de champ pour que son corps soit son ami et qu'il surmonte tous ses complexes. Il ne mangera que du bio – je doute déjà du bien-fondé du lait de vache –, il fera du piano pour être meilleur en maths, du dessin pour maîtriser le langage, et parlera six langues. Je privilégierai mille expériences… qui n'ont jamais eu lieu. Mais je me projette dans mon prochain rôle.

Il m'importait, en attendant d'appliquer ces beaux principes, de trouver un moyen de me rapprocher de lui pour que nous entrions en communication. Moderne comme je suis, j'allais bien trouver quelque chose. Au cinquième mois de grossesse, mon ami Jean-Luc, complice de ma quête d'avancées révolutionnaires, m'appelle de Californie pour me signaler l'existence du Pregaphone. Une invention qui amplifie les décibels pour les rendre audibles au bébé, habituellement protégé des sons par la barrière amniotique. Un « appareil » pour parler à son bébé ? Exactement ce qu'il me faut. Les mérites de cet objet sont innombrables : non seulement sa mère peut lui parler, mais il peut faire connaissance avec toute sa tribu. Ainsi son père, ses grands-parents, d'éventuels frères et sœurs, même le hamster dont le cri a peu de portée. La familiarité avec son environnement facilite l'entrée du bébé dans le monde. De fait, il allait pouvoir apprivoiser nos voix. Cela le motiverait pour faire notre connaissance… Et puis cela le rassurerait probablement à l'arrivée. On allait pouvoir s'entraîner aux berceuses, l'initier aux Rolling Stones, commencer tout de suite les tables de multiplication…

Le Pregaphone de tous nos rêves est commandé à son inventeur outre-Atlantique, une mère de famille expérimentée. Sachant que l'objet est inédit en France, j'ai la conviction qu'il doit être mis au contact du plus grand nombre. Les mères de l'Hexagone y auront droit elles aussi. À partir de là, en plus de mon travail habituel, je déploie une énergie inhabituelle. J'allume toutes les télés pour choisir à qui en parler en avant-première.

Importation, campagne de presse, lancement national, Jean-Luc et moi préparons toutes les étapes de cette opération quasi humanitaire.

Mon ventre est mon meilleur ambassadeur : sans l'objet en main, seule ma conviction fait recette. Il faut d'ailleurs se dépêcher, les semaines passent plus vite quand on décompte. Les médias nous programment pour en parler dans les émissions de trouvailles. Et puis ça y est, le colis est annoncé. Cinq cents Pregaphones au pied de l'immeuble. Le livreur pénètre dans l'ascenseur. Tout le monde est là. On ne répond plus au téléphone. Rappelez plus tard.

Jean-Luc ouvre le carton. À lui l'honneur.

Il en sort un… entonnoir. En plastique. Jaune d'or. Très vif. Puis… un deuxième. Le même. Il replonge sa main dans la boîte, tâte un peu et attrape un morceau de tuyau de soixante centimètres. Jaune. Tout est assorti, en fait. Il dit qu'il n'y a plus rien, mais secoue le carton, y plonge la tête pour ne rien rater et extrait un grand élastique de couturière… jaune. Voilà, tout est là. Un mode d'emploi peut-être ? Non.

Perplexité. Silence un peu plombé. Intervention pratique : je tente l'assemblage. Je regarde à tout hasard par le trou du tuyau, les circuits intégrés sont si petits de nos jours. Non, il n'y a vraiment rien d'autre que du trou. J'emboîte donc un entonnoir à une extrémité, et le second à l'autre. Eh bien voilà. C'est fait.

Cobaye désigné, j'applique l'un des deux sur mon ventre, donc sur mon fils, et l'autre sur ma bouche, façon hôtesse de l'air. « PNC[2], à vos postes ! » J'en ai le caquet tout rabattu. Par quoi commencer ? Nous ne sommes pas seuls. Mais je me lance : « Salut, mon bébé, c'est Maman. (C'est la première fois que je me nomme de la sorte.) Si tu voyais l'engin avec lequel je te parle, je pense que tu ne voudrais jamais sortir de là. »

Tour à tour, je passe l'embout à chaque membre de l'assistance. « Ne criez pas, il vous entend sûrement très bien ! » Le ridicule de la scène a eu raison de notre déception.

Un simple élastique de couturière permet de fixer le Pregaphone au ventre, facilitant les déplacements. J'apprivoise l'objet. Qui commence à rendre l'invisible tangible : un simple morceau de caoutchouc me pousse à formuler en paroles ce qui n'avait pas encore dépassé ma pensée. Je

2. Personnel Non Commercial – terme utilisé par les compagnies aériennes pour désigner le personnel à bord d'un avion.

parlais jusque-là à mon bébé exclusivement dans ma tête. Maintenant, c'est avec ma bouche. Je lui dis des choses de lui, de moi, de nous, de son papa, de l'amour délirant que je sens grandir. Mais aussi de notre journée, de nos activités, du chien. Son père débute toutes ses interventions par « Bonjour mon amour, c'est Papa à l'appareil. »

Le Pregaphone fait de nous une famille. Nous ne parlons plus à mon ventre, mais à notre graine de garçon. On l'inclut dans les échanges puisqu'il peut entendre tout le monde. Une *conference call* prénatale. C'est top.

Par ailleurs, nous ne nous démontons pas. À l'heure de diffusion de l'émission promise, nous sommes collés au poste. Le présentateur, agile, égrène les nouveautés. Juste après le steak précuit, il brandit l'engin. « Et ça, à votre avis, ça sert à quoi ? » Scotchés ! Personne ne trouve. Il est tout content de la perplexité du public. Nous un peu moins. Puis ses explications font rire. C'est toujours ça !

Nous vendons les cinq cents exemplaires tout de même. Parce que visiblement le flou peut vraiment rendre fou et dans cette période d'incertitude, ce morceau de plastique permet tout de même d'établir du lien.

Incident de parcours

Vient la troisième échographie. Jamais je n'aurais imaginé que le verdict – « petit fémur » – puisse créer une telle panique, et ouvrir un tel gouffre en mon cœur. Parce que jusque-là, en dehors des petits tracas, les choses se déroulaient très normalement. Subitement, derrière le terme « petit fémur » surgit la crainte de porter un « enfant atteint de nanisme ». Au-delà de la terreur absolue que provoque cette hypothèse se posent alors les questions douloureuses du regard que je porte sur mon enfant. Je l'aimais déjà, est-ce que je l'aimerais de la même façon s'il était nain ou simplement différent ? Des idées terribles me traversent. Où est la gomme magique qui va effacer le cauchemar ? Je pense soudain aux familles qui vivent des situations comme celles-ci – ou bien plus dramatiques et, j'en suis consciente, il est des drames plus importants… Je me sens soudain connectée à elles par une incommensurable compassion qui, malgré tout, ne calme rien de ma tempête.

J'entame alors un marathon médical de trois interminables semaines. Mon entourage se mobilise : qui connaît LE meilleur spécialiste ? Qui a un ticket d'introduction pour LE service pluridisciplinaire qui saura évaluer le cas ? On me ponctionne du sang, on bombarde mon tout petit de rayons X, on recherche des unions consanguines dans notre généalogie. Je cours partout, me laissant le moins de temps possible pour penser. Il me reste à peine cinq semaines avant de mettre notre enfant au monde. Les dés sont jetés. Son père et moi ne parvenons même pas à évoquer l'éventualité d'une malformation possible. Comme si en parler risquait de la rendre réelle. J'en profite pour m'accuser de ne pas être à la hauteur de mon devoir, pour m'accabler… et m'angoisser un peu plus.

Nous sommes en plein été. Les grands pontes de la médecine sont en vacances. Mais l'un d'eux accepte de recevoir mon dossier par courrier entre deux siestes ombragées. Il m'invite par téléphone à lui décrire nos fémurs. Ceux du père, et les miens. Courts serait le terme le mieux choisi. Surtout ceux de son père, d'ailleurs… Et le bon docteur de m'expliquer que les chiens ne font pas des chats. Que notre fils a été construit à partir des éléments que nous lui avons transmis. Que l'explication est aussi simple que cela, qu'il est parfaitement bien formé.

J'en ai pleuré. De soulagement, mais aussi de honte pour les pensées coupables qui m'ont traversé l'esprit pendant ces jours difficiles. Bienvenue dans le monde merveilleux des angoisses maternelles. C'est la première porte battante qui me revient dans la figure.

Quelle chance tu as !

Les histoires qui nous entourent sont des mines d'expériences, d'espoir et de leçons d'humilité. Milène a trente-neuf ans et trois longs traitements hormonaux contre l'infertilité derrière elle. Le temps passe, l'espoir s'amenuise. Son mari, qui a dix ans de plus qu'elle, s'aventure à parler d'adoption. Elle-même y songe parfois. Mais une partie de son cœur ne veut pas encore capituler. Une troisième FIV (fécondation in vitro) infructueuse la laisse exsangue. Pour la première fois depuis très longtemps, elle part en vacances, seule. Sans son mari, sans son envie d'enfant. S'éloigner, pour se reposer, son corps et elle.

À son retour, le câlin des retrouvailles provoque un retard de règles. Ce retard aboutit à une prise de sang et à l'incroyable confirmation : Milène est enceinte, mais pas au bout de ses surprises, car elle attend des jumeaux. Et comble du destin, un garçon et une fille. « Tu te rends compte de la chance que tu as ?» lui dit, un à un, chaque membre de son entourage.

Pour Milène, la bonne nouvelle est aussi le début d'un voyage terriblement angoissant. Par quoi commencer ? Son âge, la peur, les risques physiques évidents, le chamboulement total de tout ce qu'elle connaît, le fait que son mari soit au chômage et peine à se réorienter, le fait qu'elle n'a ni intention, ni désir, ni intérêt à quitter son travail, la charge annoncée de jumeaux nourrissons... À qui peut-elle confier tout cela ? On la regarde comme une miraculée. Elle pressent, à juste titre, que le bonheur tant attendu va être compliqué. Son intuition est la bonne : en effet, dans quatre semaines elle ne pourra plus conduire, plus travailler dans trois mois, plus bouger toute seule dans cinq et à peine respirer dans six. Elle est alors hospitalisée, entubée, noyée par ses propres poumons.

Au-delà des péripéties hospitalières, ce dont elle a, en fait, presque le plus souffert a été de ne pas pouvoir partager ses craintes. Elle a eu peur qu'on l'oublie. Qu'on ne compte plus sur elle pour tout ce qu'elle savait faire avant de s'entraîner à confectionner des biberons en quantités industrielles. Sous ce ventre déformé, elle restait, intacte, cette femme curieuse, professionnelle, ambitieuse, coquette. Plus personne ne la voyait. Tout le monde attendait d'elle qu'elle flotte sur un nuage et se transforme en madone dès l'annonce de LA nouvelle.

Du coup, bloquée à la maison, médicalisée ou, plus tard, en congé maternité, elle s'est cramponnée de loin aux décisions prises au bureau, menant une vie d'enfer à son remplaçant. Pas pour embêter, mais pour exister.

Devenir mère

Chacun a un avis, un point de vue et une interprétation sur ce qui est en train de nous arriver. Étrangement, malgré la diversité des expériences, l'image que nous renvoie le monde est incroyablement artificielle. Au point de nous faire douter de nos instincts s'ils ne correspondent pas aux photos des magazines. Mais les images n'ont pas peur, nous si. Les photos sont retouchées, sans défauts, sans ego, sans histoires et sans âmes. Les livres décrivent les bons et les mauvais gestes, les magazines décryptent les impératifs et les interdits. Les vedettes surmontent relations orageuses, nourrissons en bandoulière et carrières sous les sunlights. Angelina Jolie maigrit des bras le lendemain de son accouchement alors que nous craignons la descente d'organe. Notre cousine accouche de son cinquième enfant, la ceinture abdominale intacte, alors que nous ne reconnaissons même plus notre propre visage dans la glace. Chacune d'entre nous est attirée par cette mère idéalisée à laquelle nous croyons comme au père Noël et qui n'a de cesse de nous culpabiliser. Mais au fait, vous l'a-t-on déjà dit ? Le père Noël n'existe p…

2

Prendre le temps d'être mère : maman, ça s'apprend

L'heure du tête-à-tête approche. Après neuf mois de préparation, de suppositions et de documentations, vos maigres certitudes vont, de nouveau, s'évaporer en un clin d'œil. Théoriquement, on laisse planer l'équation suivante: Bébé = coup de foudre. Comme si le regard était forcément et totalement magique. Mais la réalité est encore plus surprenante... Il s'agit bien d'une rencontre avec quelqu'un dont vous ne connaissez pas le visage, que vous êtes libre de nommer comme bon vous semble et qui va venir vivre chez vous. À cela viennent se greffer votre inexpérience mutuelle de ce type de relation et le charme imprévisible de votre interlocuteur. Cocktail inhabituel.

Étant d'un naturel organisé, la date de la naissance par césarienne de mon premier bébé est fixée. Heure et lieu garantis. Tout ce que j'aime. Pour tromper mon inquiétude, je convie le ban, l'arrière-ban et les cousines du ban à venir soutenir le père. Soit : mes parents et beaux-parents, nos frères et sœurs, quelques membres de la famille et nos amis. Mon bébé est le premier de sa génération et un spécimen à observer pour les copains. D'où la curiosité quasi officielle qu'il suscite. Pas moins de vingt personnes font le siège de la clinique en attendant la délivrance. Je pensais que c'était une bonne idée. Cela s'avère lourd, pesant et presque gênant. Je suis fatiguée, encore anesthésiée, et tellement bouleversée par cette journée que je ne veux personne d'autre que mon mari près de nous. Les sensations s'éparpillent. J'ai besoin de calme pour faire un petit ménage intérieur. Et pas de ce brouhaha tribal donnant l'impression d'être privée de cet instant si précieux. Un être humain d'à peine quelques kilos, posé entre mes seins, vient de faire chavirer ma barque. Je me sens aussi enracinée que désorientée. Une part d'évidence et une part de sentiment d'imposture s'entrechoquent.

Ce décalage et cette désorientation peuvent arriver à n'importe laquelle d'entre nous. Car il ne s'agit pas tant de la situation (accouchement plus ou moins difficile) que de la nature de la relation qui s'établit avec chaque bébé. La psychanalyste Claude Halmos[3] l'explique sans prendre de gants : « Une vraie mère n'a rien à voir avec l'image d'Épinal de la maternité comblée (dès la première seconde), radieuse et triomphante que l'on nous inflige encore trop souvent. Devenir mère, en effet, ne se limite pas à accoucher et ne relève pas, comme chez les animaux, d'un "instinct" qui rendrait les choses évidentes d'emblée. C'est une opération psychique très complexe. Une femme doit en effet toujours "adopter" le bébé qu'elle vient de mettre au monde. C'est-à-dire le reconnaître – consciemment et inconsciemment – comme sien. Opération difficile, car elle suppose que la femme puisse préalablement faire le deuil du bébé qu'elle avait imaginé durant sa grossesse

3. Auteur de *Parler, c'est vivre* (Nil, 1997).

(il est forcément différent du bébé réel). Enfin, pour devenir mère, une femme doit aussi pouvoir “s'adopter” elle-même comme mère. C'est-à-dire se reconnaître comme l'égale de la sienne. Ce qui pose évidemment tous les problèmes de transmission[4].» En gros, rien n'est gagné d'avance. Que de confrontations au réel en de si courts instants. J'attends ce bébé tellement fort que je l'ai déjà dessiné mille fois dans mes rêves. Lorsqu'il montre sa frimousse, il n'a rien à voir avec cette image. Et je suis, moi aussi, tout à fait différente de la mère que je pensais devenir. Ni meilleure ni moins bien, mais cette fois-ci, c'est pour de VRAI.

Tout ne se passe pas toujours aussi simplement. Mon amie Caroline a perdu les eaux dans le métro. Le temps d'arriver à l'hôpital, son ventre s'est durci en une contraction ininterrompue. Les médecins optent pour une césarienne express sous anesthésie générale. Elle se réveille dans une salle d'hôpital comme après une opération de l'appendicite, engourdie, avec la sensation d'avoir été droguée et tout à fait désorientée. Une heure

4. Extrait de Psychologies.com : www.psychologies.com/cfml/qr/c_qr.cfm?id=2531

plus tard, on lui présente un bébé brun. « Et voilà : c'est le vôtre. » Elle regarde le nourrisson comme un étranger. Ne sait que ressentir. Ne sent pas de lien flagrant et instinctif.

Des années plus tard, entre deux sanglots, elle évoque encore cette naissance qui l'a dépossédée de cette rencontre-là. Une partie d'elle-même conserve une distance particulière avec cet enfant, passé « par effraction » de son corps à son cœur.

Enceinte, on appréhende l'accouchement. Cela semble être l'épreuve la plus pénible à venir alors qu'il laisse souvent un excellent souvenir : l'instant d'une rencontre unique, dans un endroit où le reste du monde n'existe plus. L'émerveillement, la fierté, le soulagement, l'émotion, les larmes, l'attendrissement et le contact de cette peau si neuve, si fine justifient les frayeurs et la douleur.

Qu'il est beau ! me dis-je avec pudeur en découvrant le visage somptueux de mon petit blond. Je dois pourtant avouer que je ne le reconnais pas. Mon enfant ne peut être que brun, au teint olive, l'œil méditerranéen. Et je suis dotée d'un petit enfant rose.

Première confusion. Premier choc du réel. Première dissimulation de ma surprise.

Avant, je n'étais que moi

Il ne me faut que quelques heures pour effacer l'enfant fantasmé. Peut-être même quelques minutes. Mais ça y est, j'ai déjà le temps d'éprouver une sensation caractéristique de mon nouvel état de jeune mère : la culpabilité. Autrement dit, en quelques secondes à peine, je suis déjà prise en flagrant délit d'être « une mauvaise mère ». Je devrais, d'après moi, le regarder sans l'évaluer, sans le comparer. En tomber amoureuse en le reniflant simplement. Mais je ressens le besoin de le scruter pour l'apprécier et le découvrir. Une sensation forte de tendresse se trouve mêlée à celle du devoir. « Je dois t'aimer plus que tout au monde » résonne dans ma tête comme une obligation. Alors qu'il se joue quelque chose de plus subtil. Tu es un miracle, tu es mon miracle. Nous allons faire connaissance, nous allons nous plaire, mais laisse-moi te regarder pour me laisser gagner par ton charme. Laissons-nous la liberté de ressentir ce qui nous habite sans répéter de rôle. Observons, écoutons, ressentons, et nous verrons.

Nous avons toutes en nous un stéréotype de mère. La nôtre ou une autre. Idéale. Modèle à reproduire. Comment se libérer de ces images de la maternité pour vivre pleinement cette rencontre irremplaçable ? J'étais fière de sa beauté, ça oui, mais j'avais si peur de ne pas savoir m'en occuper que je maintenais avec lui une certaine distance. Ne pas l'allaiter, par exemple. Pour ne pas verser dans la mère gâteuse dont la vie se remodèle autour de celle de son petit. J'ai cru pouvoir échapper au sortilège du lien enivrant. Je voulais rester une jeune femme, indépendante et maîtresse de ses émotions. Je l'aimais, ô combien, mais je devais doser mon implication envers lui. Je pensais pouvoir retourner travailler dans quelques jours ou aller au cinéma sur un coup de tête en le faisant garder sans arrière-pensée.

Je ne peux pas dater le jour où les choses ont basculé. Le jour où j'ai abdiqué ma liberté totale. Je soupçonne la douceur de ses deux pieds de s'être liguée contre mes résistances. De les avoir grignotées pour les laisser tout à fait fondre. Comme pour tout ce qui a suivi, sa position d'aîné en a fait mon maître. Il m'apprend, il me précipite dans une myriade de situations inédites. À chaque nouvelle donne, je dois anticiper, inventer, m'adapter… L'école de l'expérience, toujours, dont mon fils, mon premier-né, définit sans s'en rendre compte le rythme du programme.

Et pour chaque femme, l'expérience va être bien différente.

Catherine, enceinte de sept mois et demi, croit être atteinte d'une gastro-entérite. Son ventre lui fait si mal. Elle a pris un antispasmodique en attendant que la douleur s'estompe. Mais rien ne la soulage. Expédiée à l'hôpital en urgence par une amie, elle accouche deux heures plus tard d'Océane. Sonnée, incrédule. Elle répète sans cesse « mais c'est trop tôt, c'est trop tôt ». À un mois et demi du terme, tôt, oui, ça l'était. Elle a mis deux ans à s'en remettre.

Sa fille a été transportée dans le service de réanimation d'un hôpital de la région, puis admise en soins intensifs escortée par son père, partagé entre le bonheur et l'affolement. Il a fallu attendre plusieurs semaines pour pouvoir câliner ce bébé sans tubes, sans sondes de survie et sans tenue de cosmonaute fournie par l'Assistance publique, charlotte de douche comprise. Seule dans sa chambre d'accouchée, Catherine a éprouvé de la déception, de la peur et beaucoup d'inadéquation face à son nouveau rôle. Erreur de casting s'est-elle dit.

La veille de l'accouchement, elle avait fait la fête avec des amis. Buvant, pensait-elle, le verre de trop qui avait peut-être tout déclenché. (Persuadée par sa propre explication, elle éprouvait trop de honte pour poser la question au corps médical. Quand sa fidèle amie, pour abréger ses souffrances, s'est décidée à le faire à sa place, il leur a été confirmé qu'Océane avait pointé son nez subitement pour une tout autre raison. La litanie des reproches dont elle s'accablait lui a enfin ouvert les yeux.) Elle n'est devenue tout à fait maman qu'au cours de sa seconde grossesse, en s'écoutant, en respectant son corps et en se concentrant sur le bien-être de cet autre bébé.

Catherine, comme de très nombreuses mères, a dû fabriquer sa « légitimité » de maman de toutes pièces. L'instinct s'étant déclenché à retardement, elle est devenue la maman de deux enfants d'un coup. En effet, elle s'était entraînée sans grande conviction pendant deux ans sans oser prendre part à la compétition. C'est l'arrivée d'un nouveau participant qui lui a permis de remporter sa médaille et d'endosser le maillot jaune de sa famille pour toujours.

3

1 + 1 = 3 : un couple à réinventer

Adage répandu : le bébé est la consécration du couple. Revenons un instant là-dessus. Techniquement, il est indéniable qu'il faut être deux pour fabriquer un enfant. De ce point de vue là, le proverbe se tient.

Mais le passage d'un duo d'amoureux à un trio transforme définitivement la géométrie de la situation. Jusque-là, il existait une ligne droite qui reliait deux points. Vous et votre élu. Or, vous voici désormais au sommet d'un triangle. Ce qui suppose que vous êtes reliée en permanence à deux personnes qui sont elles-mêmes connectées l'une à l'autre.

Avant, je n'étais que moi

Un trio. Dans les histoires d'amour, ça se termine souvent mal, non ?

Non, pas toujours. Mais il vaut mieux maintenir sa ceinture de sécurité attachée pour se donner toutes les chances d'atterrir sans trop de bosses. En cas de trous d'air et de haut-le-cœur, il n'y a plus qu'à mettre les gaz pour en sortir ou attendre patiemment que cela passe. Ce qui, dans la nouvelle structure du « couple devenu parents », est incontournable, c'est le besoin d'adaptation. Il y a un nouvel habitant chez vous qui n'est ni votre colocataire ni votre copain (copine). C'est un héros, le centre du monde, un point fixe. Un concurrent aussi. Votre vie d'amour va prendre de la hauteur et subir des turbulences…

Pour moi, tout commence bien. La naissance de notre aîné est un moment de merveilleux partage avec mon mari. Son émotion est si forte ce matin-là que je dois conduire moi-même la voiture pour aller à l'hôpital. Il s'en déclare incapable. Il ne souhaite pas non plus assister à l'accouchement. La pression mise sur les nouveaux pères incite les hommes à prendre leur place dans cet événement. Les femmes ne se méfient pas assez de l'importance de cette décision-là. Un homme qui refuse d'être dans la pièce au moment de l'expulsion de son enfant n'est pas un mauvais père, c'est juste un homme qui préserve quelque chose d'essentiel pour lui. Un mélange de crainte, de respect, de sensibilité et de sacré qui ne l'empêche en rien de participer au reste de la journée. Le mien, donc, tourne en rond dans la salle d'accouchement, une protection pour soulier sur la tête, faisant rire les sages-femmes dans son rôle de « Grand Schtroumpf à la maternité ». L'arrivée du bébé peut durer plusieurs heures et il trompe son inquiétude en sillonnant les couloirs, nous tenant informées de l'évolution des naissances voisines. Lorsque les choses s'accélèrent, il se retire, toujours déguisé, en priant le corps médical au complet de le prévenir à la seconde même de l'apparition de son fils.

Son premier geste de père est d'introduire le bébé dans son pyjama après avoir pris soin de l'embrasser. Il confirme immédiatement l'impression qu'il m'avait faite à notre première rencontre : cet homme était, est et serait un père formidable. Tendre, drôle, la tête sur les épaules et jouissant de nombreux réflexes innés que je doutais encore de posséder moi-même. Il parle le nourrisson. Un langage sonore et sans grammaire très utile pour créer la sensation de communiquer à plusieurs dans ce nouveau foyer.

Sa présence me rassure et me donne confiance dans le fait que nous allons réussir à élever ensemble notre enfant. Ce jeune homme est devenu, tout de suite, un vrai pilier de famille. Nous soutenons à quatre bras le petit prodige. Je suis fière d'être à ses yeux la mère de celui qu'il aime tant. Et lui aussi rayonne de paternité. Notre projet était de fonder une famille et nous y sommes parvenus. Tout semble donc idyllique, Papa, Maman et le petit berceau avec notre merveille. Le futur prend forme.

Mais voilà. Mon triangle s'avère n'être pas équilatéral du tout. Les angles et les dimensions de mon amour à l'égard de mes deux autres points ne sont pas tout à fait identiques. Jusque-là, l'amour que je portais à mon mari me semblait être ce qu'il y avait de plus fort. N'avais-je pas, pour la première fois avec lui, grâce à lui, senti suffisamment d'élan, de désir et de confiance pour unir mon destin au sien à jamais en ayant un enfant ? La venue de ce bébé est bien la manifestation de notre amour et de son ancrage dans la durée. J'évolue à son égard dans un mélange de tendresse, d'échange, de respect et de gaieté qui me semble faire tourner le monde.

Un être miniature, dans son pyjama à pieds, tout juste capable d'absorber de la nourriture et de la digérer, a complètement modifié mes idées et mon regard sur l'amour. Non, je n'aime pas moins qu'avant mon mari. Je découvre juste qu'il existe dans mon cœur un moyen d'aimer davantage, ou autrement. Aïe…

Je fais une découverte déstabilisante : le jeune habitant du berceau, sans aucun effort de sa part, recueille mon adhésion totale et sans limites. Quoi qu'il fasse ou ne fasse pas, je l'aime, non seulement toujours autant, mais de plus en plus. Alors que mon mari… Je réalise à quel point j'attends de lui des preuves d'amour : il se doit de me regarder, de me parler, de m'écouter, de me considérer, de me soigner, de me distraire, de me satisfaire, d'inventer mille façons de me surprendre, de me remercier, de partager, etc. Tout cela est bien injuste, je vous l'accorde, mais je viens tout simplement de goûter, pour la première fois, à l'amour inconditionnel. Celui qui ne peut être réservé qu'à ses enfants. Si nous attendons de toute relation un retour ou un échange, il suffit simplement à notre progéniture d'exister pour être aimée. Un cheveu, une dent, un pas, un mot… et nous sommes en extase, comblés. Est-ce caricatural ? Non, c'est vrai ! Rationnels s'abstenir, car rien n'explique l'importance et le vertige de ces micro-instants.

Le contraste entre mes deux amours me frappe. Il m'a même sonnée. Je remets subitement tout à plat. Sans concession. En y regardant de près, je trouve, pour la première fois, que l'homme que j'aime est loin d'être dépourvu de défauts. Je doute. Me suis-je trompée de chemin ? Il me semblait que ce que j'attendais de la vie était de ressentir des choses très pures et très fortes. Je ne suis plus sûre qu'il soit à la hauteur de mes aspirations. Je me disais que je méritais de provoquer un flot d'amour d'une intensité telle que chaque jour serait lumineux et glorieux. Je viens de percuter de plein fouet l'amour absolu, indestructible. Et, à bien y regarder, je ne suis plus certaine que mon couple réponde à mes nouveaux critères. Pauvre homme, il n'est pas passé loin du pire…

J'ai vraiment cru, pendant plusieurs semaines, que nous allions nous séparer. Car je ne voulais vivre qu'avec quelqu'un sans défauts. Toutes ses limites prenaient à mes yeux des proportions indécentes. Ajoutons à cela une transformation hormonale un peu secouante, et mon trou d'air s'était formé. Je confondais la place de chacun dans mon cœur chamboulé. Ce moment est bienheureusement passé, ce n'est pas toujours le cas.

L'amant et l'amante que nous étions sont devenus aussi parents. Double règle dans le même jeu. De plus, la force de ce nouvel amour dépasse en toutes directions celui que nous éprouvions l'un pour l'autre. La sexualité est souvent frappée de plein fouet par ces nouvelles données. Les mammifères que nous sommes s'enroulent autour de leurs petits. Comme pour la chatte qui sortira ses griffes si un mâle l'approche d'un peu trop près, notre corps n'est pas encore tout à fait prêt. Et notre cœur non plus. Envie de nidifier, de lécher et de protéger le petit animal. Et surtout, envie de se reposer. Le rythme d'un nouveau-né n'a rien d'aphrodisiaque. Sommeil interrompu, doutes en tout genre, nouvelle organisation, partage des tâches à définir. Aucun de ces éléments ne favorise les élans de désir irrésistible. On peut certes mettre tout cela sur le compte de la libido paresseuse de la jeune maman. Mais la réalité est aussi que, pour un temps tout à fait variable en fonction de chaque femme, le contact avec la peau de son bébé vaut toutes les autres aventures sensuelles, qui ne l'intéressent provisoirement plus.

Il faut trier et colorer ses sentiments pour les ranger et les reconnaître sans les confondre. Betsy n'a pas su le faire. À la naissance de son fils, une louve s'est réveillée. Très instinctive, très maternelle, très charnelle. Très attentive à la sensation de sécurité avec laquelle il convient d'envelopper son petit, elle a choisi de ne plus le quitter. Du tout. Un courant américain prône le *co-sleeping*. Tout le monde dort ensemble, dans le même lit. Les parents et le bébé. Et devinez qui est au centre du lit ?

Les adeptes de cette pratique défendent l'idée que le bébé dort mieux à proximité de ses parents. Que la maman serait moins fatiguée par une pratique de l'allaitement qui lui évite de quitter le lit. Cette « harmonie » familiale en ferait des enfants mieux nourris. Il existe des colloques, des études et des publications controversées sur les effets supposés à long terme du *co-sleeping*. De fait, le bébé dort naturellement contre sa mère, adoptant le rythme de sa respiration. La fusion est totale et la sensation divine pour la maman. Dans le cadre de sa vision très mammifère de la maternité, Betsy a immédiatement adopté cette pratique. Le papa, d'un naturel aventureux, était favorable aux expériences inédites. Volontaire pour rompre avec l'éducation stricte et distanciée qu'il avait lui-même reçue. Le *co-sleeping* se pratique sans réelle limite d'âge. C'est souvent la venue du bébé suivant qui interrompt le séjour, dans le lit, du précédent.

Betsy et son mari n'ont pas eu d'autre bébé. L'enfant n'est donc pas sorti de leur lit. C'est le père qui a fini par le quitter, pour une chambre à lui. La mère a, par ailleurs, créé un site Internet pour échanger des conseils sur l'allaitement. Elle en a fait un petit commerce, proposant des coussins en forme de lune, des soutiens-gorges démontables ou des fauteuils à bascule pour bercer l'enfant en le nourrissant. Toute sa vie s'est moulée autour des tétées et de sa pratique de mère. Le bébé a grandi, et les purées ont été longues à faire leur apparition. À trois ans, le dessert se prenait toujours au sein. Cet enfant est devenu son mode de vie. Ces différentes pratiques, ayant chacune leur mérite, s'interrompent en général quand le bébé devient un enfant. Betsy les a poussées à leur extrémité. Et le père a finalement choisi de quitter la maison dans laquelle il n'avait plus sa place. La fusion entre la mère et son enfant a progressivement supplanté la relation parentale. Voici un couple qui n'a pas su créer son triangle. Les relations se font désormais sur le mode duel.

L'enfant attendu a parfois aussi une mission dont il ignore la nature. L'enfant de la réconciliation, de la reconstruction, de la réparation, ou de la dernière chance. Le paysage est alors déjà tellement chargé de buissons et de ronces que l'avenir du couple suivra probablement le chemin déjà entrepris. Et l'enfant ne dispose pas du pouvoir de réparer un couple.

Les écueils, à l'arrivée d'un bébé, sont nombreux. Les couples, et ils sont nombreux, qui survivent à la mise en route de cette nouvelle vie familiale auront tous fait preuve de détermination. C'est un moment qui se surmonte avec amour et volonté.

Répartitions domestiques

Laurence et Yann se sont mariés alors que Laurence était « enceinte » parce qu'elle voulait porter le même nom que son enfant. Ils s'étaient rencontrés au cours de leurs études, exigeantes et équivalentes. À la sortie de l'université, chacun a trouvé un emploi plein d'avenir dans des voies parallèles. L'un et l'autre ont alors entrepris, avec succès, une carrière prometteuse.

Lorsque Zoé naît, la famille forme d'abord un vrai cocon fusionnel. Tous les trois, ensemble, c'est le bonheur. Pourtant, une première différence de taille s'immisce vite entre eux : le congé maternité de Laurence. L'un reste actif professionnellement, l'autre pas. Passé les premières nuits inédites d'une nouvelle habitante dans l'appartement, la question du « qui fait quoi » commence à se poser.

Ainsi, parce qu'elle n'était pas tenue de se lever le matin par une activité extérieure, c'est naturellement Laurence qui prend l'habitude d'assurer les biberons de nuit. Parce qu'elle est plus près de la machine à laver le linge aux heures propices, parce que les magasins sont plutôt ouverts dans la journée, parce que le fer est plus efficace quand le linge est encore un peu humide, parce qu'un gâteau demande quarante minutes pour cuire, parce que le pédiatre a de la place pour un rendez-vous dans la matinée, les premiers décalages de répartition des tâches s'installent. Au début de cette nouvelle vie familiale, les occupations domestiques prennent une place qui peut être tout à fait débordante.

Moment transitoire ? Pas tant que cela. Dans ce couple, qui contribuait jusqu'alors à parts égales aux revenus du foyer, au partage des loisirs et des dépenses, la comptabilité logistique n'a plus jamais été équitable. Ce qui commence par un biberon donné la nuit, de bon cœur, se transforme bientôt en organisation du mode de garde, en rendez-vous avec les maîtresses, en responsabilité du linge, des courses et de la cuisine. Il faut savoir que ce qui se met en place dans les premières semaines s'accentuera plus qu'il ne se rééquilibrera par la suite. Et l'écart ne fait que se creuser. Yann a progressé de façon fulgurante dans sa carrière, soutenu par une maisonnée chaleureuse et structurée. En sachant que sa progéniture serait éduquée, encadrée, nourrie, blanchie et vivrait de surcroît dans une maison joliment décorée. Et en ayant l'impression de beaucoup se « sacrifier » en travaillant dur pour tout ce petit monde. Pendant ce temps-là, Laurence a poursuivi sa carrière en parallèle, convaincue de l'importance de son travail pour vivre une vie pleine et épanouissante, en plus de tout le reste. Elle a juste dû se faire greffer trois paires de bras et une tête supplémentaire pour gérer l'ensemble de ses responsabilités envers les siens. Qui choisit la nounou ou la crèche ? Qui part du bureau pour récupérer le petit à temps ? Qui se précipite quand l'infirmière de l'école appelle ? Posez la question autour de vous. Tous les couples modernes se déclarent prêts à assumer les devoirs qui accompagnent le métier de parent. Surtout les plus agréables. Mais les autres aussi doivent être couverts. Et dans la réalité, qui le fait ? Moitié-moitié ? À voir. Celui qui s'occupe du quotidien des enfants hérite en général du privilège de plier le linge, en prime.

Nos vies ont évolué. On doit aujourd'hui assumer sa carrière en plus. Tout le reste – entendez ce qui est domestique – doit être accompli en dehors des heures ouvrables. Et cela incombe encore trop souvent aux femmes. Mais là aussi, cela dépend des règles qui sous-tendent les couples.

C'est ainsi que Frédérique et David ont pris un pli, mais à l'inverse de la majorité. C'est lui qui a pris la charge de la maison sur ses épaules tandis qu'elle exerce son activité en free-lance, de chez eux. Elle travaille beaucoup, la nuit se confond avec le jour, ses clients la savent disponible : elle aime ce qu'elle fait, elle déplacerait des montagnes pour satisfaire tout le monde et se forge une jolie réussite. David, depuis qu'il l'aime, a compris qu'elle avait besoin, pour accomplir tout ce qu'elle voulait faire, d'une bonne équipe logistique sur laquelle s'appuyer. Comme elle oublie de se nourrir, il fait les courses et l'assied devant un repas chaud deux fois par jour. Intermittent, lui aussi, il travaille à la maison. Moins souvent qu'elle, et par nature, moins intensément.

Lorsque Frédérique tombe enceinte, elle espère que cela ne changera rien à son rythme. Victime de nausées particulièrement virulentes, elle doit lever le pied, pestant contre le sort. Mais elle s'accroche. David la soutient, la nourrit, débranche ses ordinateurs pour qu'elle se repose, en assurant toujours ce quotidien qui les accompagne.

À la naissance de leur fille, elle éprouve une certitude. Celle d'être enfin sur sa route de femme et de mère. Mais sans envisager un instant de modifier son rythme créatif. Tout naturellement, c'est David qui va acheter les couches, qui se lève la nuit, et qui stérilise les biberons. C'est encore lui qui s'occupe du bébé et qui fait la vaisselle du dîner. La configuration est moins courante, mais l'habitude est prise de la même façon. Et lorsqu'un second enfant viendra, le modèle ne changera pas.

Les pères peuvent adopter des comportements très différents en fonction de l'ordre d'arrivée des enfants. Si le premier les a émerveillés et a suscité de leur part une forte implication, rien ne permet d'anticiper leur réaction à l'arrivée du suivant. Une fois le modèle familial constitué, le navire continue sa route. Parfois, le père reprendra son quart de nuit, mais parfois aussi, considérant que maman est parfaitement rodée, il lui « laissera » l'enfant, se contentant d'un service minimum. Un signe qui ne trompe pas, en parlant du bébé, il dira « ton enfant » au lieu de « notre enfant » ou « ma fille ».

Les règles du jeu de la nouvelle famille peuvent être encore différentes. Quand le bébé qui arrive est le premier d'un nouveau couple, dont l'un, l'autre ou les deux sont déjà parents, les cartes se mélangent dans tous les sens. Des schémas très variés vont se croiser entre tous les protagonistes de la famille. La position de beau-parent se décale d'un cran. Si vous n'étiez jusqu'à présent « que » la belle-mère de ses enfants, vous devenez à présent la mère de leur nouveau demi-frère ou sœur. Les enfants de l'autre partagent avec votre petit des liens de sang. La transitivité familiale est en marche. À votre position de marâtre, vous ajoutez une fonction de maman au sein de leur famille. Affectivement, c'est souvent une promotion.

4

Plus jamais comme avant

L'être humain, de par sa capacité à contrôler un bon nombre de situations, est, structurellement, résistant au changement. Pour le prouver, tentez un jeu très simple. Demandez à un ami de modifier cinq aspects de son apparence pendant que vous avez le dos tourné, puis essayez de repérer ces changements. Retournez-vous de nouveau et demandez-lui d'en modifier encore dix. « Dix autres ? » maugréera-t-il. Oui, dix ! Première difficulté pour lui.

Observez ensuite combien de temps il lui faudra pour remettre les choses à leur place. Pour recréer la situation de départ. Cela se compte généralement en secondes. Nous n'aimons pas le changement. Nous redoutons, *a priori*, la nouveauté et les vrais défricheurs se comptent sur les doigts de la main.

À l'arrivée d'un bébé, chacun baigne dans l'illusion : les ajustements évidents des premières semaines ne sont en fait qu'une modification passagère des habitudes, tout reprendra bientôt son cours habituel. Ambition, travail, vacances, relations familiales, enveloppe physique, tranquillité, liberté. Chacun de ces ingrédients subit une mutation.

La raison principale de notre résistance au changement est que, si nous anticipons très facilement ce que nous allons perdre dans une nouvelle situation, nous avons beaucoup plus de mal à imaginer ce que nous allons y gagner…

Le corps

En regardant autour de vous, il vous semble que vos copines, à quelques exceptions près, ont repris après leur accouchement leur forme initiale. D'autres, pas. Il s'agit en fait d'une loterie dont le grattage ne promet que le plus grand des hasards !

Plus jamais comme avant

Certaines femmes conservent apparemment un corps intact, mais en s'y penchant de plus près, chacune a subi des modifications, parfois invisibles à l'œil nu. Certaines sont rageantes, d'autres plus satisfaisantes. Ainsi, mon aîné a balayé les derniers signes d'adolescence qui me restaient encore : joues rondes et seins fleuris. C'est souvent le cas, paraît-il. Soulagement pour les joues, mais regrets pour les seins… D'autant qu'aux enfants suivants, la tendance tend à s'aggraver. Moins pour les joues que pour le reste… N'allez pas croire qu'il y a une fatalité. Catherine, jeune femme androgyne et sportive, s'est, dès sa première grossesse, métamorphosée en madone botticellienne. Des cuisses, des fesses, et surtout, surtout, des seins. Rebondis, lourds, copieux, visibles de tous bords et maternels. Comment l'expliquer ? Un peu de poids conservé ainsi qu'un dérèglement momentané de la thyroïde lui ont sculpté un corps nouveau. Elle a repris sa routine sportive, y mettant même les bouchées doubles, a pris tous les médicaments prescrits et regardé les pains au chocolat de loin. Mais rien ne lui a rendu son apparence d'antan. Ses enfants n'auront jamais connu la brindille qu'elle a été.

Les rumeurs les plus diverses circulent, que ce soit à propos des dangers de l'allaitement pour la fermeté des seins, des grossesses à répétition pour la ceinture abdominale ou des risques d'une descente d'organe (eh oui !). Gardez l'esprit ouvert et ayez la capacité d'accepter ce qui vient. Il n'y a pas lieu de faire des généralités, alors trêve d'angoisses ! En revanche, préparez-vous à faire quelques efforts si vous espérez retrouver votre corps d'antan. Le plus sage est d'apprendre dès aujourd'hui à faire taire la voix intérieure qui vous reproche sans cesse vos imperfections et vous compare à celle que vous étiez avant. Cette femme-là n'existe définitivement plus…

Les parents et beaux-parents

C'est une lapalissade, mais elle ne manque pas de conséquences : lorsque vous devenez parents, vos parents et vos beaux-parents deviennent grands-parents. Vous risquez donc d'assister à un incroyable réveil de leurs valeurs vitales, urgentes à communiquer à leur descendance. Le copilotage d'un enfant est une découverte pour eux. Or, vos parents – et beaux-parents – ne tiennent peut-être plus le volant, mais détiennent, d'après eux, toutes les cartes routières pour mener le véhicule à bon port. Attention, les anciens vont vouloir faire assaut de leur sagesse et de leur savoir. Les avis vont aller bon train. Celui de votre mère, celui de votre belle-mère. Prenez votre respiration, c'est inévitable !

J'ai trouvé, pour ma part, la voix de ma mère très rassurante. Preuve vivante que la tâche à venir était surmontable. J'ai aimé voir mon tout petit bébé dans ses bras. J'ai senti qu'il serait doublement protégé, par elle et par moi. Et tout naturellement, j'ai commencé à me comparer à elle. Si elle avait su faire, je saurais moi aussi (et probablement mieux). De ses recommandations, je me sentais capable de faire le tri.

Lorsque ses jumeaux sont nés à New York, bien loin de chez ses parents dans l'Est parisien, Laurent sait, avant même de les leur présenter, qu'une forme de paix vient de s'instaurer entre lui et eux. Il se sent « à leur niveau », car lui aussi est désormais papa. Il découvre surtout une source de conversation intarissable et joyeuse avec sa mère dont il ne redoute désormais plus les interminables coups de téléphone. Au fil de la croissance de ses bébés, il éprouve même de la reconnaissance pour l'éducation qu'il a reçue, car elle l'aide à construire celle qu'il donne à son tour. Il pardonne progressivement à ses parents ce qu'il pensait avoir à leur reprocher quand il comprend qu'eux aussi se sont « sacrifiés » : le sommeil, le temps libre, le sexe, les contraintes économiques et structurelles. Un enfant remplit des espaces que l'on doit dégager de sa vie d'avant.

En revanche, les conseils qui m'ont paru tout à fait étrangers sont ceux qui me sont parvenus de la famille de mon mari. Ma belle-mère a tout de suite comparé mon fils au sien. Réflexe de grand-mère. Mais j'avais envie qu'elle le voie pour qui il était, lui. Cet être unique et justement distinct de nous, de son père, et surtout de son histoire à elle. Était-ce de ma part une réaction de protection, de fierté, ou de manque de confiance en moi sur ce plan-là ? Probablement les trois combinés. Jusqu'à l'arrivée d'un enfant, lorsque des beaux-parents dispensent leurs conseils et leurs remarques sur votre mode de vie, il est encore possible de les ignorer. Ce n'est pas toujours plaisant, mais encore gérable. Lorsque l'enfant paraît, tout devient différent.

L'enjeu prend une tout autre dimension. Moins dans les faits que dans la nature de la relation qu'ils sont en droit de désirer entretenir avec votre bébé. Un arbre généalogique a deux branches, et pour votre enfant, vos parents et vos beaux-parents sont logés à la même enseigne. Il va falloir pousser un peu les meubles de votre organisation intérieure pour leur accorder la place légitime et naturelle qui leur revient. Accepter, et pourquoi pas apprécier, la part d'histoire qui vient de leur côté. L'odeur de leur maison, le goût de leurs mets, leur sens de l'humour, de l'honneur, de l'éducation seront les souvenirs de vos enfants. Autant accueillir les bons côtés de ces gens-là.

Il vous reste à espérer que leurs valeurs et le regard qu'ils portent sur vos enfants coïncideront avec votre point de vue. Sinon... de gros efforts de communication seront nécessaires pour maintenir une relative paix dans les chaumières.

La belle-mère d'Ariane s'extasie, à la maternité, sur la ressemblance entre sa petite-fille et les enfants que son fils, le mari d'Ariane, avait eus d'un premier lit. La comparaison indélicate, en introduction, ne plaît pas beaucoup à notre jeune maman qui, dans la foulée, se voit reprocher le choix du prénom de sa fille. Amour-propre, fragilité, diplomatie, fatigue du moment… Peu de choses suffisent parfois pour entamer une relation sur des bases mouvantes. Ambiance !

Ariane se souvient de ses premiers jours à l'hôpital comme d'un tunnel sombre. Une remarque de sa propre mère l'a également mise face à ses propres doutes sur ses compétences maternelles. Les paroles innocentes de ces deux femmes l'ont en fait démoralisée. L'hôpital est un lieu public dont Ariane n'a pas osé leur interdire l'accès. Elle n'a retrouvé la sérénité qu'en rentrant chez elle, derrière une porte qu'elle a appris à ouvrir avec parcimonie.

C'est là, au calme, qu'elle a réalisé que son nouveau territoire de mère devait passer par la définition de frontières. Ici, on peut se plaindre de trop de présence de la part des grands-parents, comme on peut, là, regretter leur absence, leur éloignement ou leur indifférence. Les frontières fluctuent en fonction des histoires familiales. Le lien de parenté qui existe entre les grands-parents et votre enfant vous place à jamais au centre d'un canal de communication, de transmission et d'identification qui occupe une vraie place dans le maillon de l'espèce que nous sommes. Cette position-là est également indélébile.

S'efforcer de doser reste probablement la meilleure arme. Lorsqu'un enfant est tout jeune, si les grands-parents s'en occupent avec talent, il est naturel, s'ils sont proches, de leur demander de l'aide lorsque se pose la question du baby-sitting. Car la confiance est établie. Vos souvenirs d'enfance ressurgissent. Si vous aussi passiez des vacances formidables chez votre grand-mère, pourquoi en priver votre enfant ? Plus tard, celui-ci n'acceptera peut-être plus d'y passer autant de temps et vos parents n'auront plus autant d'énergie pour distraire l'adolescent qu'il sera devenu. Chaque époque se gère en fonction des désirs et besoins de chacun. Certaines grand-mères n'aiment en fait que les jeunes enfants. Reportant leur temps libre sur le dernier bébé né dans la tribu, certaines ont leur favori, préfèrent les filles ou les bambins de votre sœur. Tout peut arriver, et basculer à l'arrivée de chacun des enfants de la famille élargie. Terrain sensible à traiter donc avec ouverture, reconnaissance et un souci de sauvegarde du territoire.

Les vacances

Les vacances prennent aussi un sacré coup de pinceau. Fini le tête-à-tête en amoureux improvisé !

Tout d'abord, vous devrez renoncer à partir sur un coup de tête : plus l'enfant est jeune, plus les déplacements à trois sont encombrés. De matériel, de lits, de couches et de tous les gadgets qui rassurent les parents dans leur mission exemplaire. Tout a été inventé pour nous rendre nomades : les lits parapluie, les poussettes qui se transforment presque en baignoire, le biberon en capsule, mais il faut la machine, les sièges auto qui s'adaptent aux voyages en avion. Alors nomades, nous sommes devenus, avec la caravane en prime. Bombardés de normes européennes de sécurité et de contrôle des risques domestiques, nous privilégions la réassurance à l'improvisation, hypersensibles aux arguments marketing de ces outils qui nous aident à bien faire. Les bébés poussent vite, l'équipement est éphémère.

À partir du second enfant, nous nous servons déjà de moins de matériel « prévu pour » : plus de mini-baignoire en plastique (les genoux pliés feront l'affaire), plus de sac à langer pour n'importe quel déplacement (une couche se glissera dans la poche arrière). Quant à la stérilisation des biberons, avec le second elle dure moins longtemps, et dès le troisième bébé, on n'y a plus recours ! Votre besoin de légèreté saura mieux se faire entendre. Car, à partir du deuxième enfant, la preuve est faite : une mère ou un père vous savez être, sans matériel particulier. Comme l'ouvrier qui par expérience choisit son outil préféré pour faire des merveilles, là où le débutant emportera toute la panoplie au cas où. La raison vous reviendra. C'est certain.

Ce sont ensuite les destinations choisies pour s'évader qui évoluent. Dès que l'on devient parent, on a tendance à se regrouper en famille ou à partir avec des copains qui ont eux-mêmes des enfants. C'est encore mieux s'ils ont le même âge et des rythmes semblables. Le voyage en Inde est moins d'actualité… Alors on s'organise.

Jeanne et François sont fous du désert. Ils partent marcher quinze jours durant, se lavent sous des douches de sable et dorment à la belle étoile. À la naissance de Garance, ils n'ont d'abord pas eu le cœur de partir en vacances sans elle. Ils sont donc partis au bord de la mer, chez la mère de Jeanne, une première, puis une seconde année. Mais ces gens-là ont la bougeotte. Un petit frère est venu s'ajouter à leur constellation. Et le père a commencé à étouffer de ne se déplacer qu'en tribu. Il a reproché à sa femme de ne plus pouvoir se dépayser. Et la solution a été trouvée. À marcher sous les étoiles, il continuerait, mais en dehors des dates de vacances familiales. Il a repris ses aventures, une semaine chaque année. Où il part respirer. Jeanne s'en satisfait très librement, continuant pour sa part à voyager pour son travail. Et se baigner avec ses enfants dans la mer de son enfance vaut pour l'instant tous les déserts du monde. À suivre…

Simone et Victor ont recomposé une famille. Elle avait deux filles, nées d'une précédente union, ils ont eu trois garçons ensemble. Parce que ses filles passaient du temps chez leur père au début de leur amour, ils ont pris le pli de voyager à deux, lors des semaines sans enfants. Lorsque leur premier fils a rejoint la tribu, ils ont conservé ce rituel, sans culpabiliser outre mesure de s'octroyer du temps sans lui. Inspirons-nous, si là est notre envie, de ces familles où l'amour entre adultes est ménagé pour s'autoriser un peu de temps sans les enfants. Les voyages en amoureux sont comme la gymnastique. Moins on les pratique, moins on en a envie. On commence par se dire que les enfants sont trop petits, ensuite qu'ils sont trop turbulents pour être gardés, puis ils finissent par être l'alibi de ces occasions que l'on ne sait plus créer. De cette intimité que l'on n'ose plus s'offrir de peur de ne pas savoir qu'en faire. Or une loi devrait être votée pour préserver les couples de la noyade par oubli de l'importance de n'être que deux. De temps en temps, pas tout le temps. Mais partez, ne serait-ce qu'au cinéma. C'est déjà ça. Osez choisir de vous échapper, vous n'en reviendrez que plus heureux de retrouver votre ribambelle.

L'ambition

Il m'aura fallu deux enfants pour accepter la transformation de mon plan de carrière quinquennal. Démarrer sa vie active consiste à chercher puis trouver enfin le métier dans lequel on sent que l'on va être à sa place, utile, reconnue et épanouie. C'est souvent au même moment que l'on est tentée de construire sa famille. Il se peut que ça *clash* un peu.

Trop tentée de retourner dans le monde réel, là-bas, dehors, où tout ne tourne pas autour de biberons et de berceaux, au premier bébé, je suis vite repartie à mon bureau me glisser dans les escarpins que j'y avais laissés. J'aimais mon métier et les gens avec lesquels je l'exerçais, j'avais besoin de retrouver cette ambiance, cette fonction et ce salaire. J'avais encore tant à prouver de mes capacités, de ma volonté et de mon ardeur. Je me mesurais aux autres, car il me semblait important de tracer ma route pour pouvoir exister. Innocente que j'étais.

Les trois premières semaines après mon retour de congé de maternité ont été sombres. Les préoccupations de mes collègues me semblaient surréalistes. J'étais obligée de courir un peu plus vite que les autres pour me remettre à flot. Ce moment-là ne reste pas mon meilleur souvenir. En rentrant le soir à la maison, je retrouvais mon bébé très souvent endormi, puisqu'il était tout petit. La relation avec un nourrisson se fait surtout par le contact et par les soins. Plus tard je lui enverrai des SMS. Mais pour l'heure, le manque de lui se manifestait. Plantant le germe de la culpabilité qui ne me quittera plus. Celui de l'arbitrage permanent, de l'impression de manquer quelque chose, que ce soit d'un côté ou de l'autre.

Pour Valérie, le retour au travail a déclenché un cercle vicieux. Elle s'y trouve toujours dix ans plus tard. Elle travaille de longues heures à un poste qui lui procure autant de stress que de satisfactions tandis que son mari écrivain, travaille de la maison. Quand leur fille était encore nourrisson, il la regardait dormir entre deux plages de concentration ou de communication avec l'extérieur. C'est aussi lui qui cuisinait les purées d'Agathe et qui prenait le relais de la nounou en fin de journée. Grâce à cette organisation, Valérie s'est autorisée à poursuivre sa carrière. Mais le manque de sa fille s'est rapidement fait sentir. Elle a compensé son éloignement de la semaine en investissant très largement son rôle de mère pendant le week-end. Fusionnant, aux dires de son mari, avec sa fille pour partager tout le temps qu'elle peut avec elle. Valérie est donc tiraillée entre ses trois besoins fondamentaux : s'occuper de sa fille, s'occuper de son mari et de leur relation, et s'occuper d'elle-même. Il ne lui reste que quarante-huit heures entre le vendredi et le lundi pour satisfaire tout ce monde-là. Valérie est une femme épuisée, frustrée, mais vaillante. Car elle cumule trois vies, consciente que celle d'un instant se déroule presque toujours au détriment des deux autres.

À la naissance de mon deuxième enfant, les choses se sont passées différemment. Le bon petit soldat que j'étais n'a pas supporté l'idée de remettre son uniforme. Je tenais ma toute petite fille entre mes mains, et c'est elle qui m'a fait réaliser que j'avais jusque-là appliqué à mon ambition un système de valeurs bien masculin : motivation, implication, réalisation et organisation. En la regardant, j'éprouvais des envies de création, de protection, d'harmonie et de chaleur. Me réaliser par mon travail ne me suffisait plus. J'avais envie de profiter de l'évolution de ma douce demoiselle et de laisser s'exprimer la partie de moi qui aime s'occuper des autres, les nourrir et les éveiller. Mon fils avait deux ans et je souhaitais à tout prix réaligner mes sensations intérieures pour ne pas transmettre à ma fille, qui serait confrontée un jour au même dilemme, l'illusion que les enfants ne changeaient rien au cours de la vie professionnelle.

Car ça change tout. Nous découvrons l'amour absolu, nous aimerions tout lui accorder. Et pourtant, travailler nous est financièrement et socialement nécessaire. Nous voici donc coupées en deux par le milieu. La tête à gauche, le cœur à droite. Notre ambition va se redessiner. En effet, paradoxalement, ce qui devient ambitieux n'est plus de grimper dans la hiérarchie ou d'inonder le marché de nos idées inédites, mais d'espérer passer du temps avec ses enfants. On est écartelée entre l'envie d'être rentrée au plus vite pour les retrouver et la tentation de rester un peu plus tard pour finir le projet en cours. C'est un cercle infernal. Une partie de nous sera désormais toujours lésée. C'est l'un des revers inévitables de la maternité contemporaine.

J'ai donc refait la liste de mes besoins fondamentaux pour réorganiser ma vie. Un changement de paradigme s'avérait nécessaire. Mais il m'était difficile de passer à l'acte… Si j'acceptais de reconnaître que ces jeunes personnes m'étaient vitales, si je choisissais de les élever à plein temps, j'acceptais alors de sacrifier mon identité sociale et mon indépendance financière. Car il y a bien du sacrifice dans tout cela. Il faut savoir accepter de ne pas satisfaire tous ses besoins avec la même intensité. J'ai choisi de couper la poire en quartiers, plus qu'en deux. J'ai quitté mes responsabilités pour travailler chez moi. Oscillant sans cesse entre la sensation d'être exclue du monde extérieur et celle que rien ne remplaçait la proximité de mes enfants. Lors des premières années d'école, ils racontent peu de choses spontanément. Leur vie sociale, leurs amis et leur rapport avec l'extérieur s'organisent par les adultes qui se croisent et se rencontrent au rythme des enfants.

J'ai, depuis, choisi de retourner travailler, à l'extérieur et à plein temps. Car mes enfants sont plus grands et ont gagné, eux-mêmes, en autonomie. Les choix qui sont à faire n'ont donc rien de définitif. La roue tourne, les besoins des uns et des autres se modifient, et les adaptations sont souvent possibles au fil de leur croissance. Aujourd'hui, Arthur et Pénélope sont adultes. Léon ne va pas tarder à les rejoindre et je me réalise professionnellement à 200 % sans inquiétude.

Mais il faut vous y préparer : une maman est sans cesse en train de négocier avec une petite voix intérieure qui lui fait des reproches. Avec l'expérience, j'ai appris à la faire taire parce que je sais que mes enfants sont plus « résistants » que je ne m'autorise à le penser et se débrouillent très bien avec les cartes qu'ils ont en main. J'ai réalisé que lorsque je coupe le son à la voix de mes reproches, je profite mieux de ce que je fais dans l'instant.

Car la culpabilité est une lutte acharnée contre soi-même, mais il convient de mener ce combat :

nous tenons en effet chacun plusieurs rôles dans notre vie et l'art de se connaître permet de les exercer de front, d'en accepter les restrictions et de ne pas oublier de se féliciter de temps en temps : être polyvalente mérite bien parfois quelques applaudissements…

Liberté

Dimanche, 17 heures : « On va au cinéma ? » Mardi, 22 h 30 : « Tu as faim ? On sort ? »

Quelle belle époque ! Celle de l'insouciance et de la liberté ; le vent était facile à suivre et l'improvisation une pochette surprise offerte aux impulsions de notre jeune amour. En surface, c'est cette modification structurelle, que l'on perçoit comme une perte, qui est la plus visible. Et qui pousse certains à retarder le moment où ils se reproduiront. Conscients de l'entrave inéluctable qu'implique une démultiplication. Mais il ne s'agit là que de la pointe de l'iceberg.

Car la modification la plus profonde n'est pas tant le fait que notre besoin de légèreté va se trouver contrarié. Non. C'est la somme de responsabilités qui viennent s'immiscer dans votre vie.

Avant, je n'étais que moi

Quand Laurent devient papa de ses jumeaux, à l'âge de trente ans, il s'efforçait encore, depuis bientôt dix ans, de vivre comme s'il venait de souffler ses vingt bougies. Se souciant seulement de ses projets, de son plaisir et de son sommeil. Du jour au lendemain, ou presque, il a la sensation que la fête est finie. Il faut simultanément renoncer à la paresse, au frigo vide et au droit de faire la grasse matinée. Sorti, en quelques heures, des deals de dernière minute, il doit apprendre à prévoir les soirées au cinéma après avoir appelé respectivement sa sœur dévouée, sa voisine de palier ou cinq baby-sitters indisponibles. Mais il n'en souffre pas trop longtemps. Paradoxalement, ne plus se sentir adolescent est pour lui une sensation valorisante. Celle d'avoir attendu d'être père pour devenir un homme.

À cette période, il se déplace presque vingt jours par mois, et ressent lourdement le poids de ses absences professionnelles. Il sait qu'il passe à côté de quelque chose de précieux, plus précieux peut-être même que sa liberté. Il veut être aux côtés de ses bébés et de leur mère. Tiraillé et coupable de mener deux objectifs difficilement conciliables, il se sent faillir à son devoir. Le sens des responsabilités lui est tombé dessus, sans crier gare... Pour la première fois de sa vie, il éprouve des angoisses nouvelles : et si mon avion s'écrase ? Sa propre mortalité lui apparaît, accablante et brutale. Sensation nouvelle et déstabilisante que je partage.

Moi-même, je pense systématiquement à mes enfants lorsque je prends place dans un avion sans eux. Je pense à ce qu'ils deviendraient, aux dispositions que je n'ai pas prises, à ce que je ne leur ai pas encore dit, à la montagne d'amour que la fatalité détruirait en nous privant les uns des autres. C'est un mélange d'attachement, de responsabilité et de tendresse qui n'a rien de léger dès lors qu'on imagine le pire. Avant d'être mère, je me contentais de rêver avec joie à ma destination. Aujourd'hui, je connais parfois des instants de peur, profonde et passagère. Ils m'ont déjà valu de prier mes sœurs, par texto et en urgence, de s'occuper de mon petit monde si le pire arrivait...

Sylvie adorait traîner, ne penser à rien ou lire. Elle avait une grosse capacité à profiter de la solitude. Mère tardive de jumeaux, elle se souvient avec nostalgie du temps qu'elle passait à étirer le temps. Jadis, il y a encore un an. À penser à tout et rien. Désormais, elle agit, souvent, tout le temps. Un jeune bébé, dès neuf mois, devient mobile. Rapide et aventurier. Pire qu'un lait sur le feu à surveiller. Dès lors, on endosse le rôle de secouriste permanent. Fini le tourisme dans sa propre maison. On surveille, on anticipe, on réorganise. L'œil à l'affût de tous les dangers.

Les loisirs aussi s'articulent autour des activités des plus jeunes de la maison. Avec la découverte, pour les citadins, du rituel du square. L'enfant doit sortir et s'aérer pour être en bonne santé. Tant qu'il est encore dans son landau, la promenade peut présenter des avantages méditatifs. En profiter pour parcourir les rues de son choix, ou s'installer dans un jardin avec un magazine, une copine ou un téléphone vissé à l'oreille. C'est une activité partagée où chacun tire un bénéfice personnel de la balade.

Mais dès lors que l'enfant commence à se déplacer par ses propres moyens, l'affaire devient tout autre. Ça se complique…

Déroulement d'une sortie au parc. L'été, le démarrage est simple. L'hiver, il faut superposer pulls, doudounes, bonnets, écharpes et gants. Chaque vêtement est une négociation… patience. Arrivés sur place, la première opération consiste à choisir un banc favorable, à proximité du bac à sable. Le choix se fait en fonction de la visibilité à 360° sur l'aire de jeu + les recoins dissimulés + tous les accès de l'enclos réservé aux enfants et, pour votre moral, un point accessible aux rayons du soleil. Puis on parque la poussette à proximité, pour délimiter son territoire. La notion de territoire est capitale dans un square : car sur le banc idéal, vous risquez de passer peu de temps… En effet, dès l'installation, le jeune enfant part droit devant, choisissant une proie humaine, minérale ou synthétique. Il peut s'emparer d'un autre enfant pour interagir innocemment – jouer ou s'approprier son jouet… –, mais tout aussi bien trouver un grand plaisir à avaler une poignée de sable, une bille qui traîne ou disséquer un ver de terre. Les réactions de l'entourage varient. Provoquant parfois des cris, des bagarres, des interventions d'adultes bien-pensants ou, dans un moment de chance, rien du tout.

Extraire son magazine du filet de la poussette. L'ouvrir, et compter combien de lignes on parvient à lire. Dix lignes restent le record à battre. Au-delà, lorsqu'on lève le nez, l'enfant s'est envolé. Car il bouge rapidement, le chenapan. Le cœur s'accélère (à chaque fois), il faut le retrouver. Avantage à ceux dont la doudoune est rayée orange et noir.

Élégance et efficacité sont peu compatibles dans une foule ou un parc citadin.

Une fois la silhouette identifiée, évaluer la situation. S'il s'accroche en poussant des cris furieux au vélo d'une petite fille, elle-même médusée et cramponnée à l'affaire, estimer la stratégie à adopter. Intervenir ou laisser faire ? Éternelle question éducative, sociale et collective. Bondir parfois vous devrez, pour éviter des dangers ou prises de risques au sommet de pyramides métalliques dont il ne saurait pas redescendre. Emporter toujours le kit de survie : goûter, eau potable, mouchoirs en papier et quelques jouets lui appartenant à échanger avec les chapardeurs-partageurs du quartier.

L'ensemble de l'opération est une source avérée de stress. Certains parents savent faire de ces sorties une véritable profession ; comprenant calculs savants d'emplacement, de durée de séjour et d'entretien du réseau local pour partager les réflexes de surveillance. D'autres, dont je fais partie, n'écoutent que leur sens du devoir pour s'infliger pareille misère. Bénissant le moment du retour à la maison comme une chaussure trop petite enfin retirée…

Le sexe

C'est à un moment de doux partage sensuel que vous devez l'apparition sur orbite de votre enfant. Pour autant, la sexualité du couple va devoir désormais subir quelques ajustements. On remarque les premiers « réglages » très rapidement, lorsqu'on doit franchir le cap post-accouchement. D'autres s'inscrivent sur du plus long terme, lorsqu'il va s'agir de résister – de toutes ses forces ou mollement selon les uns et les autres – aux vents contraires coutumiers de la vie de jeunes parents.

Les livres sur la grossesse et les spécialistes nous ont bien mis en garde. Entre six et huit semaines sont nécessaires à notre corps pour se remettre d'aplomb. Pour permettre à l'utérus de reprendre sa place et aux différentes cicatrices, selon la chance, pour ne plus inquiéter. Charmant...

Le soir de la naissance de ma fille, je me remets lentement de la dose de cheval dont l'anesthésiste avait chargé ma péridurale pour parer au coup de scalpel nécessaire à la sortie du bébé. Progressivement, millimètre par millimètre, les traces laissées par le passage de l'avalanche du jour se sont réveillées. Pour tromper mon inconfort croissant, j'allume le poste de télévision suspendu au-dessus de mon lit. Et là, stupéfaction surréaliste, se déroule sous mes yeux une scène pornographique des plus ardentes.

Le contraste de la situation me fait rire puis un peu paniquer. Il m'est impossible d'imaginer, à cet instant précis, que mon corps se remettra un jour de la journée qu'il vient de passer. Que je pourrai de nouveau envisager l'idée d'une pénétration tout à fait naturelle comme autre chose qu'un supplice. Le concept même de l'enfant qui vous traverse est tellement incroyable qu'il faut bien ces quelques semaines annoncées pour digérer physiquement, hormonalement et énergétiquement ce qui vient de se produire.

Oui, on se sent grasse, flasque, convalescente, fragile, fatiguée et parfois déprimée après un accouchement. Tout cela est documenté, et tout cela est vrai. Le retour de couches porte un bien joli nom, mais les étapes avant ce retour sont humides, inconfortables et personnelles. Vous trouvez sur la liste des affaires à apporter à la maternité un séchoir à cheveux. J'ai pensé, la première fois, que toutes les mamans se faisaient, à l'hôpital, des thermobrossages pour être jolies sur les photos. Eh bien non, on s'en sert pour les vertus cicatrisantes de l'air chaud en zones moites.

Les médecins m'ont conseillé de m'asseoir sur une bouée en rentrant à la maison. Une bouée. En général, c'est pour éviter de se noyer.

C'est donc calée sur une chambre à air que j'ai cru que mon enfant n'aurait jamais de frères et sœurs. Car leur fabrication était tout à fait compromise. Mon mari s'est dit la même chose. L'évolution des neuf mois de grossesse l'avait attendri et apprivoisé, mais l'expulsion récente le laissait perplexe. La simple image de ce qui s'était joué physiquement lui causait un tel malaise qu'il se félicitait de ne pas y avoir assisté.

Les choses étaient donc bien faites. Le temps nécessaire pour restaurer mon énergie, ma féminité et ma disponibilité m'était accordé. Mais le retour à la « normale » se fait quand même avec appréhension. En plus des enjeux physiques liés aux séquelles variées, cette nouvelle première fois est chargée de l'attente de se retrouver « comme avant ». Et la vie dans la maison a quand même considérablement changé. La tendresse physique se partage maintenant avec plusieurs personnes. Les baisers ne sont plus toujours destinés au même et le temps imparti à chacun subit de nouvelles répartitions. Ce changement-là, apparemment anodin, est le plus fort. La jeune mère éprouve de nouvelles satisfactions physiques en tenant son bébé dans les bras. Elle doit donc alterner sa tendresse pour le petit et celle pour le grand. À tour de rôle. La vie sexuelle du couple suit cette courbe alternée. Elle se le verra parfois reprocher par un père qui ne partage pas ces deux intensités physiques.

L'arrivée d'un bébé a des effets secondaires sur un couple. Sans mise en garde, l'affaire est dangereuse. La prévention consiste à ne tirer aucune conclusion dans le feu de l'action. À laisser à chacun le temps dont il a besoin pour s'adapter à la nouvelle situation. À exprimer le besoin d'y voir un peu plus clair dans cette nouvelle vie. À ne pas reprocher à l'autre ce qui est en train de se réorganiser à l'intérieur de soi. À garder un œil sur l'objectif : réussir, ensemble, à construire une famille heureuse.

Sophie et Bernard ont une lecture différente de l'évolution des choses. Lui est déjà papa de deux enfants quand, après un douloureux divorce, il tombe amoureux d'elle, fou de joie d'aimer de nouveau et de laisser leurs désirs s'accorder. Il s'occupe de ses enfants à temps partiel, et jouit de ce point de vue du « meilleur » des deux mondes

–sa vie de père et sa vie d'amant–, profitant de plages confortables pour chacun. Lorsque Sophie lui dit qu'elle a envie d'avoir un bébé, le premier réflexe de Bernard est de refuser. Parce que « ça va tout gâcher ». Il le sait d'expérience. Un couple de jeunes amoureux ne le reste pas sous la même forme après l'arrivée d'un enfant. Il veut prolonger cet état de grâce. Il le lui explique. Mais Sophie insiste, ne voyant sincèrement pas du tout en quoi cela peut modifier leur passion réciproque. Elle promet que leur liaison restera intacte. Elle lui démontre de toute sa douceur que leur lien était inaltérable, car trop délicieux. Le bébé est conçu dans une atmosphère torride. Le sexe est le loisir préféré de Bernard. Il ne peut, depuis, que constater le contraste entre la mère de leur enfant et sa maîtresse d'avant. Les loisirs familiaux ont en effet, depuis, beaucoup changé…

Sophie ne partage pas son analyse. Pour elle, la baisse du désir au sein d'un couple est naturelle, enfant ou pas. Il est vrai aussi qu'elle ne pensait pas que l'accumulation de ses rôles la fatiguerait tant. Elle reconnaît qu'elle a sous-estimé la nouvelle configuration. Elle a en effet aujourd'hui beaucoup plus de tours de pédales à donner chaque jour pour assumer toutes les facettes de sa vie : travail, enfant, mari, maison, amis, parents, etc. La chambre à coucher n'est plus le centre de gravité de la maison. Pourtant, leur amour, douze ans plus tard, est intact. Pour Sophie, l'enfant n'est pas un obstacle ou une ombre, c'est une concrétisation de ce qu'ils éprouvent l'un pour l'autre. De cet homme qui est le père de son enfant, elle se sent aussi amoureuse que de son amant fougueux d'hier… S'il avait refusé ce rôle-là, un décalage orageux aurait eu raison de leur relation. Père attentif et impliqué malgré tout, il conserve, au fond de son œil gourmand la nostalgie de la vie à deux avec sa douce. Il préférerait avoir plus de moments où se dire qu'ils sont seuls au monde.

De fait, le plan d'occupation des sols joue son rôle dans la transformation de la situation amoureuse. Le logement compte désormais trois habitants au lieu de deux. La présence d'un tiers chez soi fait la vie dure au mythe du « n'importe quand, n'importe où ». Surtout quand ce quelqu'un d'autre n'est pas n'importe qui non plus. L'amour doit donc se faire avec précaution, retranchés et protégés pour pouvoir en profiter. Les horaires vont devoir s'adapter, d'aucunes diront se limiter.

Lorsque l'enfant est encore un nourrisson, c'est la fatigue générale qui modifie la carte du Tendre. Plus tard, ses cauchemars nocturnes remplaceront les biberons du début pour les interruptions de sommeil ou de câlins. Quand il grandit et commence à se déplacer seul dans la maison, des dispositifs d'intimité doivent être envisagés au même titre que la protection des prises électriques. La libido devra s'organiser pour contourner les obstacles et s'adapter aux horaires de tous les protagonistes du domicile.

Les sexologues recommandent de maintenir de la surprise dans un couple pour lutter contre la routine et les sollicitations multiples qui nous éloignent de la complicité charnelle. Faire l'amour dans la cuisine est un fantasme dont on peut se passer : lorsque l'espace est limité, s'aimer dans une chambre à coucher peut déjà relever de la surprise et de l'exceptionnel. C'est l'un des avantages de la vie en communauté, les choses les plus simples peuvent devenir les plus amusantes, car faites à l'insu de l'activité environnante.

5

Tout (ré)apprendre : à aimer, à partager, à consoler, à écouter, à pardonner, à dormir, à consommer, à se détendre…

Savez-vous quel jour de votre vie vous êtes devenue adulte ? C'est en général assez difficile à dater avec précision. La maturité est un processus continu qui se construit sur des années. Nous évoluons, nous changeons, nous nous adaptons à des situations parfois soudaines, parfois en douceur. Et nous grandissons en apprenant toujours plus, au gré de nos expériences, sans identifier très précisément les étapes que nous franchissons.

Je peux en revanche vous préciser à la minute près l'instant auquel je suis devenue maman. En franchissant ce Rubicon-là, j'ai amorcé un apprentissage qu'aucune autre circonstance de la vie ne pouvait m'apporter. Ce nouvel état a eu, sur des gestes simples, un ensemble de conséquences définitives. Nous devons, à partir de là, remettre des pratiques habituelles en question pour les redécouvrir, parfois les réapprendre, et surtout nous adapter à leurs nouveaux contours.

Aimer

A priori, l'amour que l'on porte à son conjoint ou son amoureux est destiné à créer un lien qui nous maintiendra ensemble le plus longtemps possible. On sait rarement à l'avance pour combien de temps, mais l'on espère, au début de tout sentiment, qu'il durera toujours. Au cours de ma vie de couple, je vais me poser des questions d'étapes pour choisir de continuer, de modifier, ou d'interrompre le chemin avec lon conjoint. Je vais parfois me dire que je n'en peux plus, que je serais mieux seule que dans cette configurationlà. Peut-être même que c'est lui qui m'annoncera un jour son départ. Mais en prévision ou en dehors de ces moments critiques, mon instinct de tendresse s'exerce pour lui donner l'envie de rester près de moi et de profiter de qui je suis et de qui je deviens. Pour créer la sensation que loin de moi, la vie ne vaut pas d'être vécue, je déploie mon charme.

En découvrant notre cœur de mère, on l'a vu, la définition de l'amour prend une nouvelle tournure. Car voici quelqu'un dont je sais que je ne le quitterai jamais, que je vais aimer de toutes mes plumes de mère, et comble de l'agonie, que je vais devoir préparer par mes propres compétences, ruses et convictions à me quitter. Je vais, et là est ma plus belle mission, devoir lui enseigner tout ce qu'il devra savoir pour être prêt ce jour-là. Je devrai peut-être même le pousser hors de ma maison pour l'aider à sauter du nid. Ou c'est lui qui m'annoncera son désir de s'éloigner et mon cœur saignera. Pourtant, dans cet amour-là, ce départ est souhaitable.

On découvre également d'étranges manifestations d'amour. Comme de fixer des limites qui le frustrent ou de le punir de ses bêtises pour lui donner cet impérieux sens de la communauté.

Ces moments sont pénibles, mais nécessaires pour mieux l'aider à se développer et à forger son autonomie et son bien-être. Je suis prête à me substituer à lui dès lors que je le sais sur le chemin de la douleur. C'est instinctif et viscéral : pour le protéger des obstacles et des souffrances, pour les lui épargner, je souhaite les porter. Et pourtant, pour se construire, mon enfant aura besoin de refus, de frustrations, de chagrin et de manques que je serai la première à lui infliger.

Claude Halmos insiste sur le fait que l'amour porté à son enfant ne se réduit pas aux sentiments. Comme l'amour amoureux. « Le vrai amour parental est celui qui inclut l'éducation et la non-possession... L'amour qui n'inclut pas l'éducation n'est pas de l'amour, alors que l'éducation, c'est de l'amour. C'est faire le travail qui va lui permettre de devenir un adulte capable de vivre[5]. »

Aimer inconditionnellement suppose donc une bonne dose de contrôle de soi et une belle aptitude à surmonter ses doutes. Combien de soirées de tergiversations intérieures ai-je passées

5. www.psychologies.com/cfml/article/c_article.cfm/cfml/article/c_article.cfm?id=5383&page=3

pour me pardonner d'une colère un peu rapide ou d'une occasion de fermeté ratée. Il est de notre devoir d'amour de comprendre ce que notre enfant ressent sans pour autant lui éviter le désagrément des limites nécessaires qui feront de lui quelqu'un de plus grand, de plus droit et de plus solide.

Écouter

Le plus difficile dans une conversation est d'écouter l'autre jusqu'au point où l'on entende ce qu'il veut nous dire. À l'instant où vous me parlez, je suis déjà en train d'interpréter ce que vous m'annoncez pour rapprocher votre expérience de situations que j'ai déjà vécues. Je vais raccrocher les images familières de votre récit pour permettre à mon cerveau de classer le monde qui l'entoure dans des cases préexistantes. Ce phénomène est naturel et correspond à notre incapacité structurelle à absorber, avec neutralité, toutes les informations qui nous parviennent simultanément. Le classement instantané de ce qui nous entoure nous rassure. Tout en compromettant définitivement les chances d'entendre exactement ce que l'autre a tenté de nous dire.

Je vous laisse imaginer l'ampleur du filtre qui nous aveugle lorsque notre propre enfant nous parle ! Car en vous regardant de ses yeux familiers, il réveille tour à tour l'enfant que vous avez vous-même été, la mère en herbe qui improvise à tout bout de champ et les réflexes qu'appliquaient vos propres parents en pareilles circonstances. On passe, hélas, plus de temps à s'écouter soi-même…

De cette pulsion d'interprétation provient la difficulté à entendre les différences qui existent entre lui et nous. Être attentif à sa personnalité propre demande de la patience, de l'ouverture et de l'acceptation. Tout petit déjà, il ou elle était le portrait de sa mère, son père, sa tante, sa sœur ou de quelque membre stéréotypé de la famille. Voilà un mauvais début pour entendre ce à quoi il aspire ou ce qu'il a à atteindre lui-même pour réussir à construire son bonheur.

Écouter, c'est aussi mettre ses ambitions de côté pour laisser fleurir ses talents à lui. Bon en maths, en dessin ou en musique… nous avons tous et toutes projeté une myriade d'attentes sur son berceau. Des compétences non conformes au « planning » ou à l'expérience de ses parents risquent parfois de passer inaperçues. Juste parce qu'on ignorait que c'était une réalité possible dans une vie aussi proche de la nôtre. Nous réduisons souvent les alternatives à celles que nous connaissons. Les privant ainsi de l'ampleur du monde qu'ils pourraient créer ou avoir envie de créer avec leurs défis tout neufs.

Écouter son enfant, c'est aussi accepter de ne pas pouvoir tout réparer. Je fais partie des aspirantes mamans magiciennes. J'aimerais être de celles qui brandissent un clone de doudou dès que celui-ci est perdu. Dont les baisers soignent tous les bleus et chassent la tristesse. Dont le regard suffit à prémunir d'un bouclier invisible la susceptibilité de ses petits pour que les méchancetés du monde ne les atteignent pas. Et pourtant, plus ils grandissent, moins je peux les protéger de l'extérieur. Contre la punition de la maîtresse, je ne peux apporter qu'écoute et empathie. Je ne peux me substituer à personne pour effacer les contrariétés d'un coup de gomme magique. Je dois, au contraire, aider mon enfant à comprendre les réactions des uns et des autres et le soutenir sans lui apporter réponse à tout. J'en ferais sinon un être dépendant de moi, et bien incapable de tailler sa propre route dans le marécage des contrariétés d'une vie en collectivité.

Il faut donc accepter que son chagrin ne soit pas tout à fait consolé ou que ses premières amitiés soient parfois ébréchées. Paradoxalement, au début de sa vie, on est la personne la plus puissante de son entourage. Le tout petit bébé qui a principalement besoin de soins et de tendresse va développer un langage que nous allons composer ensemble. C'est lui qui en crée la grammaire. Deux bébés ne pleurent pas de la même manière, et pas toujours pour les mêmes raisons. L'écoute de ces signes pour comprendre ses besoins va devoir se faire avec ouverture : faire confiance à son intuition, faire taire ses doutes et se rassurer sur ses compétences instinctives permet d'apprendre ce langage des signes deux fois plus vite qu'en doutant de soi. Et l'on découvre miraculeusement, au fur et à mesure, qu'on le comprend de mieux en mieux et qu'on s'en occupe de mieux en mieux, au point de précéder ses désirs.

Parler

Outre le fait d'être soucieuse de bien entendre ce que me communique mon petit, je vais devoir choisir une façon de lui parler. Je ne parle pas des surnoms et torsions linguistiques qu'on destine souvent aux mini-êtres humains. Elles sont chez moi assez nombreuses et tout aussi ridicules que chez les autres. Je pense plutôt au sens de nos paroles.

Laurent a toujours parlé à ses enfants comme à des adultes. Il juge le « langage bébé » irrespectueux pour l'enfant. Témoignant du fossé qui sépare le monde des grands et celui des petits. Être proche passe pour lui par un langage clair sans concessions. Ses enfants en ont développé un certain humour, leur façon à eux de se protéger parfois d'une description sans sucre des situations qui les attendent.

Françoise Dolto, grande pionnière de la psychologie enfantine, a insisté sur l'importance de « parler-vrai » aux enfants. Considérant que l'essentiel est de parler avec un enfant plutôt que de parler à un enfant. Dès ses premières heures, un bébé décèle la congruence entre ce que l'on dit et ce que l'on éprouve. Force est de reconnaître qu'en général, plus on est intègre avec ses proches, meilleures sont les relations. Mais les échanges ne se résument pas à cela. Nos petits ne sont pas des détecteurs de mensonges qui nous obligent à livrer des réponses sans fard sous peine d'être démasqués et sortis du jeu. Ils sont en revanche les miroirs de la qualité que nous sommes prêts à injecter dans notre relation avec eux.

Plus il grandira, plus je devrai adapter mon discours à ses besoins. Le mélange subtil d'encouragement, d'autorité, de soutien, de distance, de proximité, d'amour et de frustration que génère l'éducation de nos têtes blondes me pousserait plutôt à vous recommander de vous inscrire à un cours de communication de temps à autre pour avoir un plus large choix de réponses. Ce qui fonctionne face à un enfant de six ans n'aura plus aucune utilité lorsqu'il en aura seize. Communiquer avec un être en construction relève de l'art du yoga.

Souplesse, positions périlleuses, inconfort nécessaire au progrès, respirations profondes pour surmonter les tensions et humilité sont les clés de la voie de la sagesse. Et d'un bien-être croissant s'il est pratiqué avec assiduité. Mais là aussi, il faut se préparer au fait que la difficulté augmente avec le niveau des cours. Tout le monde débute en même temps : vous et votre enfant. Mais tout le monde progresse en même temps aussi. Les difficultés augmentent avec l'intervention des ruses, stratagèmes et autres tactiques qu'il développe naturellement pour nourrir son inévitable prise d'autonomie. L'autre qualité à développer pour lui parler est la créativité. Car quand un jour, en sortant du bain, comme le jeune Marius, il vous demandera « est-ce qu'on est aujourd'hui ? », ça sera à vous de jouer.

Partager

Depuis que je suis toute petite, ma mère répète, en préparant une laitue, que le cœur est ce qu'une salade recèle de meilleur. Et depuis toujours, elle s'arrange pour que ce cœur unique de la salade atterrisse dans l'assiette de l'un de ses enfants.

Les jeunes habitants d'une maison déclenchent une nouvelle forme de solidarité et de partage au sein du groupe. De l'espace à la nourriture, en passant par les vacances, les déplacements, la répartition de vos revenus et l'eau que vous buvez. Vous voici responsable d'un gâteau qui se mange à plusieurs. Et comme pour ma mère, ce partage-là se fait sans regret. Les manques, comme l'opulence, se lissent entre nous. En tendant à l'un de mes enfants la dernière part du gâteau, je ne me prive pas. La transitivité de son plaisir est ma gourmandise. J'éprouve même une certaine fierté à parvenir à faire fonctionner notre famille dans un environnement où nous nous sentons bien. Avec mes enfants, je partage plus que des mets, je leur offre aussi mes goûts et préférences comme socle de leur confort. Comme base de leurs repères. Ils ne les adopteront pas toujours tous, mais j'aime qu'ils s'y prélassent en attendant de choisir les leurs. J'aime que chez moi soit chez eux. Que notre nid soit peuplé et que mes oisillons s'y sentent bien. Je travaille désormais pour nous tous, pour faire marcher la fanfare.

Au-delà de l'argent, des chambres ou des loisirs, que l'on se prépare naturellement à répartir dès l'arrivée d'un bébé, il est une richesse qui ne se stocke pas et dont jamais je n'aurais imaginé qu'elle puisse me faire si cruellement défaut une fois maman : le temps. Magistrale différence entre avant et après. L'embouteillage au carrefour des responsabilités, des envies, des possibilités et des besoins de chacun ne se résorbe pas à tous les coups.

Il y a quelque chose d'éminemment logique dans tout cela. Avant l'arrivée de mon enfant, ma vie était déjà pleine. En accueillant sa venue, j'accepte une mission de plus. Le temps ne s'achetant pas en magasin, je puise dans mes ressources. Le démarrage est progressif. Le nourrisson dort beaucoup. Je peux, tout en le surveillant, vaquer à mes occupations, mes réflexions ou mes rêveries. Les sorties au parc, de même, m'offrent un moment intérieur ou le loisir d'une conversation avec autrui, alors qu'il fait la sieste dans son landau. Mais plus tard, quand il se déplace tout seul dans la pièce et que les dangers se profilent par dizaines dans les recoins, je suis scalpée de mon temps personnel. À vif et d'un coup sec, mes pensées se concentrent sur lui, un magazine se lit d'un œil, un repas se prépare d'une main et un film ne se regarde plus en une seule fois. Mon temps n'est déjà plus qu'à moitié à moi.

Lorsque, au retour du travail, je franchis la porte de la maison en rentrant le soir, ce n'est et ne sera plus, pour très longtemps, synonyme de repos et de décompression. Ce moment marque le début des retrouvailles, des soins à prodiguer, des bains à donner, des devoirs à vérifier, des bobos à soigner, des carnets à signer, des histoires à inventer, des livres à lire, des disputes à arbitrer, des chambres à ranger, des confidences à provoquer, des câlins à prodiguer, des couverts à débarrasser et de son calme à tenter de garder.

Savoir se préserver des moments pour soi reste la clé de l'équilibre, dit-on. C'est vrai. Mais la question principale demeure : quand ? Si, comme chez nous, plusieurs enfants se succèdent, la sensation de chaos dure d'autant plus longtemps. Au point que vous devrez marquer un temps d'arrêt pour imaginer comment employer une plage imprévue de liberté au cours de ce marathon. Votre emploi du temps, éclaté entre tous, nécessite que vous preniez rendez-vous avec vous-même pour prendre un peu de recul.

Accepter

Une des nombreuses portes qu'ouvre l'amour inconditionnel est celle de l'acceptation. Si j'aime sans condition, cela suppose que j'accueille avec ouverture les obstacles, les différences, les contrariétés et même les reproches qui me seront un jour faits par mes enfants.

Dans mon imaginaire, tous mes enfants allaient être parfaits. Avant de les rencontrer, je les ai fantasmés, décrits et anticipés. La revue de détail portait sur leurs caractéristiques physiques, leurs facultés scolaires, mentales, relationnelles et créatives. Des talents et des qualités, ils auraient par milliers. Des difficultés, aucune. Des facilités, nombreuses.

La loterie a voulu, en effet, que mes enfants disposent de toutes leurs facultés motrices, mentales et esthétiques. L'abondance et la chance rendent exigeant. Parce qu'aucun défaut n'est apparent, je me laisse aveugler par des détails. Et mes enfants, à l'arrivée, ne sont qu'humains. Ni supérieurs, ni parfaits, ni bioniques, ni surpuissants. Ce sont des composites de caractéristiques bien naturelles : un mélange d'émotions, de patrimoine génétique, de personnalités uniques, de peurs, d'envies, de compétences, de manque d'expérience, de doutes, de certitudes, de colère, d'appétit et de tendresse. Ma mission est donc d'accueillir les écarts entre ma lecture de leurs qualités et mes présuppositions délirantes. De chasser mon impatience quand les devoirs sont laborieux, d'interrompre les comparaisons avec leurs pairs, avec mon chemin ou celui de leur père. Ce qui diffère de nous est précisément la part d'eux-mêmes qui les rend uniques et épanouis.

Les accepter consiste pour moi à valoriser ce qui en fait des êtres différents de moi-même et des autres. À faire confiance à leur devenir pour me rassurer et alléger mes inquiétudes. À accorder au temps le bénéfice des possibilités qui croiseront leur route. À converser avec leur bonne étoile qui ne me répond jamais, mais dont je me persuade qu'elle les suit pas à pas.

À Frédérique qui regrette que la tête de son bébé soit trop plate, le pédiatre demande si elle aurait préféré un gros nez. De même, face à un enfant qui ne s'adapte pas au système scolaire ou aux règles de popularité dans les cours d'école, il faut parvenir à composer avec confiance de multiples avenirs dans sa tête en attendant qu'il invente le sien. Certaines périodes de son enfance paraissent longues à traverser. J'accepte en premier lieu de n'avoir pas toujours de solutions à proposer pour alléger son apprentissage. Me rappelant sans cesse que les difficultés surmontées créeront sa richesse, tout comme celles que je traverse moi-même pour me construire depuis mon arrivée sur cette planète. Les relations y sont si riches, si compliquées et si déstabilisantes.

Se détendre

Les Japonais sont les rois de la microsieste. Ils savent s'endormir à peu près n'importe où et dans toutes les positions pour s'adapter au mode de vie ambiant, aux trajets interminables et au rythme des exigences de leurs vies surchargées. Tous les instants sont bons à exploiter pour recharger leurs batteries. Un peuple sage…

Avant d'avoir un enfant, mon emploi du temps comportait deux couleurs, réparties sur deux plages linéaires : le travail et les loisirs. Les loisirs comprenaient le temps choisi, le sommeil, le temps passé avec nos copains, les vacances, les voyages, la lecture, le cinéma, l'amour, et le « ne rien faire ». On les trouvait principalement le soir, les week-ends et pendant les vacances. Depuis désormais seize ans (âge de mon aîné), cette répartition binaire est totalement obsolète. Il y a maintenant trois catégories pour mes occupations : le travail, le temps passé avec mes enfants et le temps pour moi. Car m'occuper de mes enfants et du fonctionnement de ma famille ne s'apparente ni au travail ni aux loisirs. C'est un entre-deux qui mobilise du temps et une part profonde de mes ressources. Du coup, les moments que je considère comme strictement pour moi sont de courte durée et ponctuent le reste de mes activités. Exemples : pratiquer un sport se faisait aisément le week-end avant d'être parent. Désormais, je me lève une heure plus tôt pour que mon jogging ait eu lieu avant le petit-déjeuner familial. Ou je quitte mon travail en courant pour aller faire du yoga au lieu de déjeuner. Le sommeil ne se récupère pas toujours : plus de grasse matinée en dehors des rares périodes d'exil de nos rejetons.

Lors des trois premières années de vie, le sommeil d'un petit est aléatoire. Des biberons du début aux cauchemars des deux ans, nos nuits sont ponctuées de phases de réveil. Les dormeurs du matin ne connaîtront plus, pour longtemps, le plaisir de se réveiller de leur propre chef. Dès qu'un enfant sort seul de son lit, votre maison devient son territoire nocturne et votre sommeil sa victime. À huit ans passés, mon plus jeune fils vient encore s'assurer, sur la pointe des pieds, chaque dimanche matin, que nous ne sommes pas tout à fait réveillés. Le bruit de sa main « innocente » sur la poignée de la porte suffit à interrompre rêves et toutes autres choses. Encore un peu de patience, me dit-on. Celui-ci est mon dernier, je peux donc espérer, lorsqu'il sera adolescent, retrouver quelque maîtrise de la durée de mes nuits. Mais mes enfants mis bout à bout m'auront tout de même privée de presque vingt ans de nuits ininterrompues.

Qu'il s'agisse de sommeil, de divertissements ou de projets spontanés, la flexibilité est la première qualité à apprendre, à développer et à accepter.

Pardonner

Stéphanie Dowrick, dans son livre *Le Pardon et autres actes d'amour*[6], professe que pardonner a des vertus thérapeutiques : cela atténuerait les tensions musculaires, renforcerait notre système immunitaire et donnerait meilleur goût à la nourriture. Que d'avantages ! Dans le cas de vospropres enfants, être capable de pardonner, c'est être capable d'accorder une vraie liberté. De laisser de la place au champ de leurs erreurs et de leurs choix contestables. De traiter ce qui touche votre sensibilité au plus haut point avec recul et sagesse. Votre expérience vous apporte un éclairage dont votre enfant ne dispose pas encore. Il y va de sa mission d'élève de la vie de tester et de contester les mises en garde que vous lui adressez. Tout comme ma mission de vrai préparateur implique de laisser à mon sportif le choix de sa propre vitesse. Avec soutien et ouverture.

---

6. *Le Pardon et autres actes d'amour*, S. Dowrick, éditions Le Fil invisible, Mouriès, 2002.

Avant, je n'étais que moi

Si le reproche que j'éprouve à son égard est tel qu'il ne s'efface pas de lui-même, mon cher bambin vient de toucher une de mes limites. Ma colère et ma frustration signifient presque à chaque fois qu'il me manque le vocabulaire pour expliquer cette limite. Sinon, je l'expliquerais sans me ronger les sangs.

6

Mère imparfaite, mais mère quand même

Une poupée à la main, une petite fille est déjà maman. En imitant la sienne elle incarne le rôle de celle dont elle a besoin, qu'elle aime, qu'elle admire, dont elle relève les intonations, les gestes et le regard. L'importance de la relation maternelle est tellement ancrée dans la structure de notre espèce qu'elle est indissociable de qui nous sommes.

L'attachement entre un bébé et sa mère est inné. Tout comme les animaux qui s'accrochent instinctivement à leur mère pour se protéger des dangers et des prédateurs, un enfant se dirige instinctivement vers le sein maternel. Serge Lebovici, célèbre pédopsychiatre, assurait que lorsqu'une mère s'écarte de son enfant, le bébé la recrée sous une forme « hallucinée » : en suçant ses doigts par exemple, retrouvant ainsi les conditions de la présence de son sein.

Aucune thérapie, depuis Sigmund Freud, ne fait plus l'impasse sur notre relation avec notre propre mère. C'est un socle, une base, un tronc, et une structure. Marie-Laure Colonna[7], psychanalyste et philosophe, explique même que lorsque nous tombons amoureux dans notre vie adulte, nous réactivons le premier lien affectif fusionnel – avec la mère – ou au contraire nous le réparons s'il a été défaillant. Enceintes, c'est donc encore et toujours cette empreinte absolue que nous nous apprêtons à forger à notre tour, pour quelqu'un d'autre.

Pourtant, bien qu'organique et archaïque, la fonction de maman n'est pas tout à fait automatique. L'impression que l'on voudrait nous donner avant d'avoir son propre bébé est que tout se fera naturellement. La réalité est autre.

7. Auteur de nombreux articles, notamment dans *Les Cahiers jungiens de psychanalyse*.

L'évolution d'un être humain a été bien pensée. Le fait qu'il ne vieillisse qu'un jour à la fois a dû être conçu pour nous donner le temps d'apprendre et de nous adapter à chaque nouvelle situation. On parle tant de ces premières années de la vie d'un enfant. On en parle parce que les jeunes mères y arrivent très peu préparées.

Les sites spécialisés en pouponnage ou en mamans pallient nos angoisses et délivrent moult conseils. Ils sont consultés principalement par les parents d'enfants de moins de six ans, parents débutants qui apprécient les repères, les recommandations et les témoignages qui vont les rassurer. Nous sommes à peu près tous ignorants en la matière lorsque le premier bébé paraît. Catherine Bergeret-Amselek[8] considère qu'il faut au moins un an après la naissance d'un bébé pour devenir tout à fait parent. Car nous ne sommes pas nés parents. On devient mère, comme père, au cours d'un processus de maturation psychique. Il s'agit, en surface, d'effectuer des gestes cohérents envers ce bébé. Mais en profondeur, nous traversons une crise d'identité qui nous transforme d'enfant

8. Psychanalyste et psychothérapeute.

de nos parents en parent de notre enfant. C'est naturel, complexe, et inévitable.

Plus subtil encore, nous nous comparons inconsciemment à notre propre mère. Cette relation, faite d'amour et de haine, que nous avons vécue pendant notre adolescence, resurgit violemment. Cela consiste parfois à ne pas s'autoriser à faire mieux qu'Elle pour ne pas la « détrôner », ou à se persuader que l'on n'est soi-même pas très douée pour s'interdire de l'égaler. Aïe, aïe, aïe. Quel travail !

J'aurais aimé savoir tout cela en rentrant à la maison, mon jeune fils sous le bras. Immense panique : de ne pas savoir faire sa toilette, de ne pas comprendre sa faim, de ne pas savoir interpréter ses pleurs. Les quelques jours passés à la maternité sont les seules véritables « classes » qui nous sont proposées. Ces formidables puéricultrices que nous aimons presque d'amour nous rassurent en nous apprenant quelques gestes quotidiens. Caroline a tout noté sur un carnet : les gestes, les produits, les quantités, les horaires et le numéro de téléphone de l'infirmière en chef si jamais elle ne s'en sortait pas une fois rentrée chez elle.

Oui, à l'hôpital, donner son bain au bébé dans le lavabo de la salle commune est une formalité.

Car on sait qu'elles sont là, à deux pas, expertes, professionnelles. Mais à la maison... quel trac! Préparatifs fébriles : installer la serviette, le savon. Puis ne jamais lâcher le bébé, ouvrir le robinet d'une main, verser le savon d'une main, vérifier la température, ni trop chaud, ni trop froid, d'une main toujours, ne pas lui cogner la tête, faire vite pour qu'il n'ait pas froid, le tout sans jamais lâcher le bébé, bon, tout va bien. Ouf! Ça n'a, en fait, duré que quelques instants. Nous avons survécu. C'est le métier qui rentre.

Le baby-blues (la dépression postnatale)

Ce terme est assez mignon à prononcer. Non? On y voit quelque chose de miniature et de coloré. Détrompez-vous. Ça n'est ni l'un ni l'autre. Une nouvelle mère est éprouvée physiquement, biologiquement, mais aussi psychiquement. Elle est donc tout particulièrement fragile. Bien que « comblée » et submergée de sensations positives, dans cette période appelée « post-partum », elle peut éprouver de la tristesse, des crises de larmes, une perte d'énergie et un manque de confiance. L'impression de ne pas y arriver, de ne pas savoir s'en sortir. Les psychanalystes expliquent cette période par une succession de deuils fondamentaux qu'elle traverse. Renoncer à la petite fille en elle, à son corps d'adolescente, à sa vie d'avant et même à sa grossesse. Et toujours et encore à ce bébé imaginaire qui ne peut plus exister depuis l'intronisation de celui qu'elle tient dans ses bras, en chair et en os. 10 à 20 % des femmes vivent un tel épisode.

Concrètement, il s'agit d'une dépression. Courte ou longue, légère ou profonde. Pour ma part, pendant cette période de blues, je ruminais tous les aspects de ma vie : mon couple, mon bébé, ma capacité à faire face. Et surtout cette tristesse que je ne savais pas où ranger, où cacher.

Des découvertes récentes ont fait le lien entre le baby-blues et notre consommation de… poisson. En effet, les femmes japonaises, dont le régime comporte beaucoup plus de poissons gras (saumon, sardines, maquereaux), en sont nettement moins victimes que les femmes occidentales. Des chercheurs de l'université de Maastricht[9] ont démontré que la consommation d'oméga-3 présents dans ces poissons, pendant

9. *Prostaglandins Leukot Essent Fatty Acids*, octobre 2003, vol. 69, p.237-243.

la grossesse, aidait à lutter de façon très efficace contre la dépression post-partum. Reste cependant un dilemme : la consommation de poissons gras est déconseillée aux femmes enceintes pour éviter les risques de contamination aux métaux lourds qu'ils ont absorbés. Il reste donc deux possibilités : choisir de ne manger que des petits poissons gras (sardines et maquereaux, sans friture) et des végétaux riches en oméga-3 (huile de colza, noix, mâche), ou avoir recours à des compléments alimentaires débarrassés de toute matière toxique.

Ces découvertes sont plus récentes que la naissance de mes enfants. Je le déplore, car je me serais sans regret épargné ces quelques journées que j'ai passées au plus sombre de moi-même.

Du mieux que l'on peut

Bien que tout à fait novices dans l'art du bébé, nous sommes assez rapides à considérer que notre façon de faire est la bonne. En particulier à l'égard de l'apprenti papa que nous avons sous notre toit. Non seulement celui-ci peine à trouver sa place entre notre bébé et nous-mêmes, mais en plus, il pourra se voir reprocher ses tentatives de participation. Gilles se souvient de la façon dont Claire épiait les changements de couche qu'il effectuait tout seul. Il se sentait, du coup, maladroit et contrôlé. Les hommes et les femmes ne touchent pas les enfants de la même façon. Nous les attirons contre nous, le plus près possible, alors que les pères expriment leur joie, dès que cela est raisonnable, en les lançant en l'air.

En observant d'un œil objectif les tentatives des jeunes pères, il saute aux yeux qu'ils sont en territoire d'incertitude et d'exploration. Même si cela peut parfois inquiéter ou énerver, le plus souvent cela est touchant. Bien que balbutiantes et débutantes, nous sommes rapidement devenues expertes pour commenter leurs faits et gestes.

Les situations inédites déclenchées par le fait de s'occuper d'un enfant ne sont pas réservées aux nouveau-nés. Tout au long de la vie que nous partageons avec nos enfants, les défis se succèdent. Les adaptations doivent parfois être instantanées. Faire bonne figure, rester maîtresse de soi, savoir rassurer, alors que nous sommes totalement perdues et incertaines. Les questions des enfants sont nombreuses et déroutantes. En dehors des situations d'extrême danger où les réponses sont instinctives, nous apprendrons à choisir les mots qui vont leur répondre ou les mettre en garde du mieux que nous pourrons.

Depuis que j'exerce mon rôle de mère, la seule certitude que j'ai acquise est mon instabilité : certains jours je suis plutôt douée pour ce rôle-là alors que d'autres jours c'est la catastrophe. Mes idées ne sont pas toujours bonnes, mon cerveau ne sait pas tout résoudre et j'ai parfois franchement envie que l'on me fiche la paix. Je suis une maman vulnérable et imparfaite en formation continue. En faisant ce constat le plus tôt possible, on économise beaucoup de reproches envers soi-même.

Enfants faciles, enfants difficiles

La relation n'est pas à sens unique. Sa qualité ne dépend pas de nos seules compétences. La personnalité d'un enfant compte autant que la vôtre dans cet échange. Il y a, comme chez les adultes, des personnalités « faciles » à vivre et d'autres qui le sont moins. Le sommeil et l'appétit quand ils sont tout petits seront bientôt rejoints par l'obéissance, la concentration, l'honnêteté, l'humeur, le courage, la popularité, le charme et la tendresse pour les qualifier de faciles ou de difficiles. Les parents parfaits, nous l'aurons compris, n'existent pas. Eh bien les enfants parfaits n'existent pas non plus. Même si ce sont les nôtres.

C'est une bonne nouvelle. Car si nous étions parfaits, nous comblerions tous les besoins de notre enfant. Et celui-ci n'aurait plus aucun travail à accomplir pour se construire. Il n'éprouverait aucun manque, se laissant porter par des désirs qui seraient satisfaits avant même qu'il n'ait eu le temps de les identifier lui-même. Inversement, s'il était parfait, nous en aurions une lecture si claire qu'être son parent serait bien ennuyeux. Et le résultat désastreux pour tout le monde.

Lorsque Justine, maman de deux garçons de dix et huit ans, a besoin de parler de la difficulté qu'elle a à accepter les défauts de son fils aîné, elle ne le fait qu'auprès d'autres mamans. Car elle sait que nous seules pouvons comprendre l'amour qu'il y a derrière ces reproches. Poser un œil critique sur la chair de sa chair est autorisé, encouragé même. C'est le seul moyen de progresser dans nos rapports avec eux et de trouver les outils pour les aider à faire face au regard des autres et aux réalités de la vie. C'est un travail difficile pour nous, mais il n'a jamais été dit que la tâche serait aisée. Jamais.

Une relation unique

Un enfant vous rend unique. Car il vous regarde comme personne et vous posez sur lui un œil qui lui est tout destiné. C'est une relation exclusive et une connexion singulière qui ne s'obtient d'aucune autre façon. Attention toutefois, comme certains parents de notre entourage, à ne pas confondre singulier et démesuré.

Le jeune Tristan a été adopté à l'âge de trois mois. Depuis, la vie de ses parents a été totalement bouleversée. Plus de sorties pour la maman qui ne conçoit pas de le faire garder par autrui. Des anecdotes monothématiques du père, sur son fils, rendent les discussions avec les amis terriblement difficiles. Car ce qui se trouve au centre de notre monde ne présente pas le même intérêt pour notre entourage. Ce patrimoine de joie dont nous héritons en devenant parents ne justifie pas d'en rebattre les oreilles de tous ceux que nous croisons. D'autant qu'honnêtement, nous préférons de loin parler des nôtres que d'entendre les histoires sur ceux des autres. La fierté est recommandée et inévitable, mais si tout le monde ne parlait plus que de ses enfants en société, les conversations seraient vite ennuyeuses. Par ailleurs, lorsque Daphné, mère de trois garçons, refuse une invitation à dîner parce « qu'elle a un devoir de maths le lendemain », on se dit que certaines mères vivent leur vie par procuration. Se réalisant au travers des performances de leurs petits au lieu d'accomplir les leurs.

Le second enfant

L'arrivée du second enfant pose, classiquement, son lot de nouvelles questions. Je me souviens du trajet pour me rendre à l'hôpital le jour de la naissance de ma douce demoiselle, seconde de sa fratrie. Une seule question me taraudait, en boucle et pour la dernière fois : « Comment vais-je aimer ce bébé autant que le premier ? »

La réponse était imminente. Aimer autant. Tant de sites se consacrent aujourd'hui à la grossesse. On y croise de futures mamans anonymes qui vivent des expériences similaires. Combien d'entre elles posent cette question : « Je l'aime tellement, comment en aimer *autant* un autre ? » Viscéralement attachées à leur premier enfant, ces mères pensent lui appartenir tout entières. Et n'avoir pas la place dans leur cœur pour loger une autre boule d'amour. Comme si l'amour était limité et qu'un partage équitable ne fût pas envisageable.

Sur notre capacité à aimer plusieurs enfants, il n'existe en effet aucune étude scientifique concluante. Les canapés de psychanalystes sont par ailleurs peuplés de frères et sœurs convaincus que leur mère les a aimés *moins* que les autres. Tout dépend de la façon dont la future maman a grandi. Peut-on assurer à celles qui ne ressentent aucune rivalité avec leurs frères et sœurs qu'elles aimeront leurs enfants de façon équitable ? Est-ce possible ou même souhaitable ?

Je ne prendrai pas position. Je ne connais pas vos parents. Mais permettez-moi tout de même de vous décrire le processus d'accumulation d'enfants dans un seul cœur.

Le cœur d'une mère est une cavité nouvelle, profonde, lumineuse et encombrante qui apparaît au cours de la grossesse. Cette poche, arrivée à maturité, se remplit instantanément d'une substance à deux composantes : une portion d'amour fou et une autre d'inquiétudes irraisonnées. Les taux vont varier en fonction de notre tempérament, de la situation et des influences extérieures. Un peu comme un mélange d'huile et d'eau, l'amour et la peur cohabitent sans jamais se confondre. Le mélange est très instable et peut s'inverser à n'importe quel moment, comme le battement de la porte du saloon.

Ce mouvement de balancier perpétuel crée l'illusion de la saturation. Toute la zone « maman » du cœur semble être déjà pleine à ras bord. Comment y introduire un deuxième individu sans risquer la noyade ou l'asphyxie ?

Excellente question. Cela n'est, en fait, pas du tout conçu pour y introduire qui que ce soit d'autre. La boule d'amour maternel est hermétique et étanche à la fois. Hermétique, vous le serez toute votre vie en refusant de vous soucier de l'opinion d'autrui sur votre rejeton. Étanche, vous le serez aussi, car cet amour-là ne s'évaporera jamais…

Que se passe-t-il réellement à l'arrivée du numéro deux ? Eh bien il se crée tout naturellement une seconde poche. Même processus, mais sans clonage. La première a sa hauteur, sa profondeur et sa couleur. La seconde les siennes. Il en sera de même pour la troisième, et ainsi de suite. Il n'existe aucune limite officielle au nombre de poches d'amour maternel que l'on peut créer. Autre caractéristique, ces poches sont elles-mêmes stockées dans un espace illimité. Elles ont toute capacité d'expansion et d'encombrement. Donc, personne ne vole quoi que ce soit à quiconque. Chaque enfant est doté de son stock d'amour qui ne se fera jamais au détriment de celui de son frère ou de sa sœur.

Le deuxième enfant fait donc son entrée par la grande porte, sa grande porte. La nuit, vous jonglerez parfois avec l'envie d'aligner toutes ces poches pour que les émotions soient plus simples et uniformes. Mais on ne peut ni les aligner ni les comparer tant leurs formes et leurs vibrations sont différentes. Dans les moments de panique, pensez à ces femmes qui ont six enfants ou plus.

Il arrive cependant que la poche ne contienne pas que de la couleur, mais aussi quelques petits cailloux qui encombrent temporairement le cœur d'une maman. Et souvent, par transitivité, celui de l'enfant.

Marie est la mère sereine de trois garçons. Alors que son corps fête ses quarante-trois ans, elle rêve d'élever une fille et mise tout sur un quatrième bébé. La loterie des gènes en décide autrement : un adorable quatrième garçon vient compléter son début d'équipe sportive.

La déception laisse parfois place à une joie inédite. Mais pas là. Marie se détourne de son bébé, laissant pendant des mois aux autres membres de la maisonnée le soin d'en être émerveillés.

D'autres doutes sont possibles : qui ne connaît des petits garçons coiffés comme des filles, ou des filles entraînées à être garçons manqués. Enfants qui répondent sans le savoir aux fantasmes de leur mère. Et le sexe n'est pas la seule attente que nous avons à leur égard. Combien, en effet, sont destinés à porter les ambitions de leurs parents ? Dans les familles d'artistes, d'avocats, d'agriculteurs ou de marchands, on retrouve des lignées durables. Le destin est fort et aucun enfant ne naît en terrain tout à fait vierge.

Heureusement, l'affaire n'est pas close : cet enfant a toute la vie pour convaincre sa mère de le considérer comme une source de bonheur. Marie a fini par formuler sa déception dans le cabinet d'un spécialiste de nos blessures psychiques. Pour la comprendre et la dominer. Le combat est inégal, mais il peut être mené.

Si la naissance de notre enfant nous fait souffrir, cherchons à identifier ce qui ne va pas. Et si l'instinct maternel n'est pas une évidence, il est de ma responsabilité de partir à sa rencontre en me faisant aider ou éclairer par une amie, une sœur ou un thérapeute.

Un enfant peut nous apprivoiser. Chaque bébé apprivoise ses parents en les exposant à des exercices pratiques et concrets. Plus de théorie une fois qu'il est là. Et la pratique reste le meilleur enseignement pour chacun d'entre nous, bien plus efficace que tous les diplômes.

7

Déclaration

Il est difficile de donner ces quelques conseils sans vous révéler l'ampleur des ravages que mes enfants ont produits dans mon propre cœur. Sans vous avouer que j'aime pousser toutes ces portes battantes. Je ne me souviens jamais qu'elles risquent de me cogner en retour. Sans confirmer qu'aucun voyage ne remplacera jamais celui-ci. Et que cette aventure est aussi sacrée qu'unique.

J'en ai donc trois chez moi. Trois enfants qui m'ont retourné le cœur. Boum. Dire que je ne leur ai rien demandé avant de les mettre au monde ne serait pas entièrement vrai, mais ils n'ont tout de même pas lésiné sur les moyens pour me conquérir.

Ce qui me touche chez eux, c'est qu'ils ont chacun leur style, et que je m'en suis découvert un par enfant. Ces styles provoquent des sentiments, des émotions et des réactions spécifiques. Avec l'arrivée de chacun des trois, j'ai appris à parler une nouvelle langue. Chacun sa grammaire, chacun ses terminaisons, chacun ses intonations.

L'amour absolu

C'est mon aîné qui a ouvert la voie de tout cela, ses petits explosifs sur le dos. Jusqu'au jour de sa naissance, je n'étais que moi. Telle que ma propre naissance et mes quelques années antérieures m'avaient définie. Une fille brune, impatiente, curieuse, critique et tendre. J'aimais être amoureuse et voyager. Rien encore cependant ne semblait maternel à l'intérieur de moi. C'est mon appétit pour les expériences nouvelles et la conviction de mon mari qui m'ont donné l'autorisation d'envisager d'avoir cet enfant.

Et ce bébé m'a tout de suite piégée. Dès que j'ai retrouvé ma lucidité post-morphine de l'accouchement, j'ai tout de suite vu. Il était très beau.

J'étais scotchée, parce qu'il ne ressemblait pas du tout au petit brun olive que j'imaginais. Et c'est dans la chambre tout à fait impersonnelle d'un sinistre hôpital que je suis devenue maman. Sa maman.

Je me sentais comme dans une flûte de champagne dont les bulles remontent à la surface : des bulles d'amour, de peur, de fierté, de non-retour, de doute et de pérennité se glissaient entre chacune de mes respirations. Quelle que soit la nature des sentiments qui se mêlaient, j'ai saisi assez vite qu'ils étaient là pour toujours.

Ma carence en oméga-3 m'a ensuite plongée dans un horrible questionnement où soudain plus personne n'était à la hauteur de mon bébé et de cette vie qui commençait. Ni son père, ni notre pauvre chien, ni moi-même. Au fond de mon seau, je venais de réaliser que l'amour était un sentiment à conditions suspensives. Quelque chose, ou quelqu'un pouvait y mettre fin, comme ça. Sauf que rien ne pouvait écorcher celui que je portais à ce garçon-là. Lui, il avait tout bon. La force de ce que j'éprouvais pour lui a rendu le reste du monde bien pâle. Mon pauvre environnement était à la merci d'un très jeune garçon que je ne savais pas élever.

Avant, je n'étais que moi

Pour moi, avoir un enfant, c'était avoir une fille. Forcément, je ne connaissais que ça. Élevée avec deux sœurs et un seul frère, le monde des garçons me semblait étranger. Petit à (très) petit j'ai étouffé les préjugés de mon handicap et j'ai décidé d'apprendre. Mon mari m'est de nouveau apparu comme un allié tombé du ciel. Les garçons, ça le connaissait, il serait mon professeur.

Ensemble, nous avons construit une famille. Mon fils m'a transformée le premier en maman pour de vrai. Il continue à le faire, sans le savoir. Personne ne m'apprend autant que lui. Il est mon maître. À chaque situation, je réinvente ce que l'humanité accomplit naturellement tous les jours. La timidité, les peurs nocturnes, le charme, la musique, les fièvres, l'école, les déceptions, la séduction, les limites, les encouragements, l'amour, l'amitié, l'audace. Chaque situation à laquelle il est confronté ouvre un nouveau chapitre pour moi. C'est avec lui probablement que je fais le plus semblant de savoir ce que je fais. Cela me fait rire parfois. C'est mon défaut, je n'apprends qu'en faisant moi-même, au risque parfois de me brûler les ailes. Et que je l'aime.

L'amour-tendresse

C'est celui si puissant que m'inspire ma seconde. Elle me rend folle d'admiration cette fille-là. Elle m'inspire le respect, car elle suit sa propre route en surmontant les obstacles que je reconnais avoir traversés à son âge. Elle déploie une force immense à définir l'originalité de son parcours. Elle est douce, féminine, joyeuse, pleine de rêves, et tellement blonde ! Mes enfants ne me ressemblent presque pas. Ils ne sont pas moi, pas de confusion possible. Je la trouve si précieuse que je ne voudrais pas l'endurcir. Alors c'est elle qui se mesure à moi, comme doit le faire une femme qui se construit. Avec détermination. De cette soif de se définir, je ne peux pas la protéger. Mais je me dois d'y résister. Pour l'aider à grandir. Et cela aussi est souvent difficile pour moi.

Le jour de sa naissance, un quart de seconde j'ai entrevu que je pouvais la perdre à cause d'un cordon méchamment enroulé autour de son cou. C'est alors que j'ai choisi de l'allaiter. Mammifère jusqu'au bout des seins. Comme ça m'a fait du bien ! Pour son frère, nous avions choisi le biberon. Je n'avais plus besoin de devenir maman, c'était déjà fait, cette fois-ci, je pouvais juste l'être.

Et une mère qui donne le sein a quelque chose de terriblement féminin que j'acceptais enfin.

C'est, de mes trois enfants, son arrivée qui m'a le plus transformée et le plus remise en question. Mon paradigme intérieur a explosé. Mes repères ont littéralement muté. Je sais aujourd'hui qu'elle m'a prodigieusement aidé à accepter beaucoup de traits de ma personnalité que je ne soupçonnais pas. Elle m'a donné le courage de les délivrer, de les exprimer et de les affirmer pour de bon.

Pour elle j'ai lâché une femme rationnelle en uniforme pour en libérer une créative, désorganisée et paresseuse, mais déterminée à exprimer ce qui venait de l'intérieur, ce qui venait de moi. Et je la regarde maintenant cette jeune fille, en savourant chaque instant de son enfance. Je suis pressée qu'elle soit enfin adulte, elle en a tellement envie. Pressée aussi de la serrer très fort sur mon cœur, tant qu'elle est encore un peu petite, encore un peu à moi.

L'amour fou

Mon troisième enfant marque la fin de mon désir de me reproduire. Pour une raison très simple : il m'a rendue folle. Folle à mes yeux, parce que folle de ses yeux qui provoquent chez moi l'envie de profiter de tout. L'aîné est mon maître, la seconde est mon guide, celui-ci est une récompense pour tous les efforts fournis. Il est né à l'instant où un rayon de soleil transperçait la salle d'accouchement. Avant lui, j'avais essayé toutes sortes de naissances : la césarienne, l'épisiotomie, l'accoucheur dragueur et même celui atteint de la tremblante du mouton. Pour ce bébé-là je me suis offert une naissance facile. « Poussez, madame », m'a-t-on dit. Et il est arrivé, comme ça. En troisième position, on n'est plus comparé aux autres. On entre dans une famille dont les parents commencent à avoir un brin d'expérience, moins d'inquiétude et de doutes. Les attentes des deux géniteurs ont déjà été reportées sur les deux aînés. Il dispose donc de plus de liberté pour orienter ce train qu'il a pris en marche. Avec lui je me montre patiente et innovante, car il me reste moins à me prouver et j'ai très envie d'être enfin une maman moins stressée.

Je suis née maman il y a 9 258 jours. Et maintenant que je le suis devenue, à chaque enfant un peu plus, je le suis pour de bon. Je suis une MÈRE. Leur mère. Je suis terriblement fière de ces jeunes gens. Fière de leurs qualités que je sous-estime souvent, fière de leurs défauts que je surestime probablement. Honorée de les fréquenter et consciente de la rapidité avec laquelle ils se détourneront bientôt de moi.

Je commence à entrevoir quelles seront nos relations d'adultes, et j'adore toutes les périodes que nous avons passées ensemble, car rien ne dure. Je m'arrête souvent pour nous observer et éprouver chaque millimètre d'amour et de satisfaction que me donnent ces instants-là. Pour quelqu'un comme moi qui me prétends indépendante et autonome, je crois que je suis avant tout profondément faite pour être leur mère. Mon cœur archi-relié et connecté doit apprendre à leur laisser de la place et de la distance. C'est une mission énorme, une source de tourments, un voyage au fond de soi, une confrontation au réel, une dose indécente d'amour, d'interrogations sans réponses, une remise en question permanente, l'obligation d'avancer, la nécessité de faire confiance et le besoin d'improviser sans garantie de réussite. Mais c'est la vie. C'est ma vie. Et, comme dernier conseil je dirais ceci : profitez, profitez, profitez d'eux, profitez de tout, et profitez-en pour aimer être celle que vous êtes avec eux.

8

Un mot du père

— Douze. Deux fois six.

— Combien ?!?

Elle hausse les épaules et la conversation s'arrête. Nous venons de nous marier et la femme de ma vie cherche à savoir combien d'enfants j'imagine concevoir avec elle.

En résumé j'en veux plein, elle, mon amour, accepte de commencer par un.

Me prévenant qu'elle ne peut concevoir que des filles.

Je suis d'accord, même si je ne comprends pas très bien comment elle ne ferait que des filles.

Avant, je n'étais que moi

Je veux une grande famille, une smala, une bande, une tribu, de quoi bénéficier de réductions significatives à la SNCF, ou constituer une équipe de foot. Pour être conforme au film que je m'étais fait dans la tête : une grande table de déjeuner, avec les parents à chaque bout et les enfants alignés en ordre croissant de chaque côté. Tout le monde en train de rire ou de dire des choses incroyablement intéressantes.

Mon amour sait ce qu'elle fait, elle avait avoué à ses copines que je serais le père de ses enfants avant même que je ne sache qui elle était. Elle est forte, elle a un plan !

Un jour, devenue ma femme, elle m'annonce qu'elle est enceinte. De moi en plus. Je suis doublement ému et heureux.

Et là, tout s'accélère !

Beaucoup d'amour, des prises de sang, des angoisses, des milliers de questions, les annonces, les avis, les conseils, les histoires, des choix d'obstétricien, des angoisses, des doutes, la première échographie, des pleurs de joie, ça existe, le choix du lieu de l'accouchement, des prises de tête, premiers débats sur les prénoms, des rigolades, le choix du nom, la chambre à décorer, les examens, les aliments bannis, une nouvelle susceptibilité, des rires, des formes, plus de seins, les moqueries, les angoisses, les débats sur tout, les projections, les choix d'éducation, les choix de tout, deuxième échographie, un zizi, des pleurs et des rires, les angoisses, les questions, les mesures du fémur, des *shortlists* de prénoms, le choix enfin, les visites chez l'accoucheur, visite de la clinique, encore plus de seins, des positions compliquées, les plans d'avenir, les « il sera pilote de chasse », « après avoir fait l'X et Harvard », les habits amples, une femme pulpeuse, des crises de rire, des moments de tendresse, la valise, la date, les mouvements dans le ventre, les conversations avec le ventre, les infirmières, les copains en soutien, l'accoucheur, l'angoisse, neuf mois, « c'est le moment ».

PAUSE : Tout est sur pause.
C'est un garçon.
C'est un moment incroyable.
Comme dans une bulle.
Il existe.
Une intensité inouïe. Je l'aime dans la seconde. C'est mon gars. Ma femme devient une maman. Il y a beaucoup d'amour, c'est très puissant, unique.
Les parents et les amis sur place me ramènent sur terre.

PLAY : ça repart à fond !

La mairie pour le faire exister civilement, le retour, les leçons, les nuits, les biberons, les couches, l'odeur, les bruits, la bouille, les fous rires, les surnoms stupides, les pédiatres, les explications, les emplois du temps, les sorties, les transhumances, l'équipement d'une tonne, la fierté, les grands-parents, le retour du sexe, les premiers pas, les copains, les anniversaires, la joie, l'amour pur, ma femme rayonne, l'amour total et inconditionnel, les premiers mots, les bêtises, les moments, les milliers de questions, l'école, les maladies, les décisions, un nouveau rythme à trois, de l'amour.

On est boulimique de tous ces moments.

…Une nouvelle grossesse.

Même émotion, mais le reste est plus rodé. C'est plus serein, plus réfléchi, moins d'angoisse visible, car cette fois nous sommes des vétérans. Ça va vite, je revois tout en un flash, mais une montée d'adrénaline supplémentaire lors de l'accouchement nous rappelle, comme un signe, comme un message pour dire « ATTENTION : ce n'est jamais banal ».

Et là de nouveau tout s'arrête.

J'adore ce moment magique où je découvre ma fille, une boule d'amour. Une grosse poussée d'amour me prend lorsque, seul, je rentre à la maison. Ma fille est sublime, ma femme est belle malgré son teint assorti aux murs de l'hôpital, le grand à la maison est top. Je ne savais pas que je pouvais être si heureux.

Ma femme est, depuis la naissance de notre premier enfant, devenue une femme. Elle a une aura, un truc supplémentaire. Moi j'admire et je profite de son halo.

Pour le dernier, tout est plus calme. Quelques angoisses de routine et une attente fébrile tout de même, mais c'est tout du bonus. Bizarrement, je ne me rappelle presque pas les détails, je zappe jusqu'à l'accouchement. Et hop ! il est là. Le temps qui s'arrête de nouveau.

Il est magnifique.

Je comprends l'essentiel : on ne fait pas des enfants, on fait un enfant, puis un autre, puis un autre. Ce n'est pas un ensemble, ce sont bien des individus.

Et surtout la personne qui les a mis au monde n'a cessé de m'étonner. Elle avait un plan. Son plan était de fabriquer des gens épatants et de grandir avec eux.

Avant, je n'étais que moi

L'amour de ma vie avait raison, elle n'aurait que des filles, à deux garçons près…

Alex Berger

Merci

Je remercie de mon cœur de mère Ambre, Victor C., Antoinette, Clémence, Charles, Marius, Nouria, Léonor, Manon, Félix, Luc, Nicolas, Alma, Nathan, Lucas, Victor F., Paul, Martin, Juliette, Charlotte, Théo, Corentin, Julien, Zoé, Paul, Gabrielle, Sacha, Garance, Hippolyte, Pierre et Anatole d'avoir transformé des femmes formidables en mamans et des hommes inconscients en pères.

Je leur dois une partie de mon récit.

Du même auteur

FLORENCESERVANSCHREIBER.COM
3KIFSACADEMIE.COM

FLORENCE SERVAN-SCHREIBER

3 KIFS PAR JOUR

ET AUTRES RITUELS
RECOMMANDÉS PAR LA SCIENCE
POUR CULTIVER LE BONHEUR

MARABOUT

FLORENCE SERVAN-SCHREIBER

POWER PATATE

VOUS AVEZ DES SUPER POUVOIRS !
DETECTEZ-LES & UTILISEZ-LES !

MARABOUT

FLORENCE SERVAN-SCHREIBER

Dîner de Kifs

80 recettes positives
pour découvrir la cuisine du bonheur

Photographies Sandra Mahut

MARABOUT

Imprimé en Allemagne par GGP MEDIA GMBH
pour le compte des Éditions Marabout (Hachette Livre)
58, rue Jean-Bleuzen 92178 Vanves Cedex
Achevé d'imprimer en décembre 2015
Dépôt légal : janvier 2016
ISBN : 978-2-501-11175-1
3761326 / 01